AF140696

Cornelia Hürlimann

Das Leben ent-ERNST-en

es ist mir ERNST
mit dem Humor

novum 🔖 pro

Dieses Buch ist auch als
e-book
erhältlich.

www.novumverlag.com

Bibliografische Information
der Deutschen Nationalbibliothek:

Die Deutsche Nationalbibliothek
verzeichnet diese Publikation in
der Deutschen Nationalbibliografie.
Detaillierte bibliografische Daten
sind im Internet über
http://www.d-nb.de abrufbar.

© 2021 novum Verlag

ISBN 978-3-99107-938-5
Lektorat: Leon Haußmann
Umschlagfotos: Cornelia Hürlimann,
Nicole Robé
Umschlaggestaltung, Layout & Satz:
novum Verlag
Autorenfoto: Nicole Robé

Gedruckt in der Europäischen Union
auf umweltfreundlichem, chlor- und
säurefrei gebleichtem Papier.

www.novumverlag.com

Es gibt nichts Schöneres,
als der Freude zuzuschauen.
Freude lässt die Seele lächeln.
Manche Menschen fürchten
sich vor ihrem Lachen.
Aus Angst, es könnte zu viel über sie verraten.
Und wenn schon! Ich liebe einfach Menschen,
die aus vollem Herzen lachen.
Ihr Lachen streckt mir dann die Hand hin.
Ich weiß, woran ich bin.
Cornelia

Freundlichkeit ist ein Bumerang!
Katie Bryon

Und dann musste ich lachen.
Ich glaube, ich habe noch nie so gelacht!
Wenn ich so lache, nun dann steht nichts
mehr über mir; ich bin in solchen
Momenten einfach groß.
(auf einer Wand in der Region Thun aufgeschnappt)

Inhaltsverzeichnis

Vorwort

Dieses Buch ist im November 2020 während genau 30 Tagen entstanden. Was sind 30 Tage auf ein ganzes Leben? Konzentriert und fokussiert der Leidenschaft nachgehen – und ein Werk entsteht. Ich habe einfach mal gemacht und gedacht: Es könnte ja gut kommen. Ich erlaube mir, ‚SIE‘ zu duzen, denn dadurch fühlst Du Dich mir näher. Jedoch im Einkaufszentrum kannst Du entscheiden – wenn Du das bevorzugst – mich zu siezen.

Lesen kannst Du dieses Buch auf verschiedene Art und Weise. Die Geschichten finden meist unabhängig voneinander statt. Zum Beispiel so:

Wähle Deine Geschichten nach den Titeln aus.

Schlage es irgendwo auf. Das Universum führt Dich genau zu der Buchstelle, die in diesem Moment für Dich richtig und wichtig ist. So, dass es Dein Leben aufheitert oder Dich zum Schmunzeln führt.

Sei Du Dein Aufheiterer, indem Du eine oder mehrere Seiten liest.

Lies es so, wie es Dir gefällt. Querbeet, retour; warum nicht?

Seite für Seite, damit Dir keine Geschichte entwischt.

Ich wünsche auf jeden Fall viel Spaß.

Gegen Ende des Buches findest Du Inputs. Diese empfehle ich Dir, wiederholt anzuwenden. Zwanzig Mal möglichst täglich. Zum Beispiel in Deinen Morgenstunden, damit in Deiner Hirnstruktur eine Verwandlung stattfinden kann. Es lohnt sich!

Entdecke Spaß, Freude und die Leichtigkeit, die oft auf der Kehrseite der Dramatik zu finden sind. Sei Du dein eigener Spaßmacher und ent-ERNST-e automatisch Momente in deinem Leben.

Geburtsstunde von Ent-ERNST-en

Am 5. Dezember 2014 treffe ich auf das Wort „ent-ERNST-en", indem ich es erstmals ausspreche und in meinen Wortschatz aufnehme. Es fesselt und entfesselt mich gleichzeitig.

Während ich einige Humorvorträge durchführen durfte – einfach, weil die Mund-zu-Mund Propaganda für mich arbeitete – schien es mir den Nerv der Gesellschaft getroffen zu haben. Dieses Zauberwort Ent-ERNST-en benötigte eine Geburtsvorbereitung von mehreren Jahren. In mein Sammelsurium wanderte einiges Schräges, Fröhliches, Erfahrenes, Gehörtes, Aufgeschnapptes, um hier dieses Werk zu erschaffen. Während der außerordentlichen Pandemiezeit benötigen wir Hilfe, um die Gesinnung oder innere Haltung gegenüber den NACH-Richten zu verwandeln. Erkenne im erwähnten Wort Nach-Richten, dass sie die Menschen nach den Weltgeschehnissen RICHTEN, um eine Bewertung der Nach-RICHT zu verleihen. NACHRICHTEN werden fast unmöglich neutral erfasst. Es verbirgt sich selten eine gute, jedoch meist eine schlechte Nach-RICHT darin. Schauen, oder hören wir diese Nach-Richten mehrmals täglich, hinterlassen diese Spuren in unserem Unterbewusstsein.

Dieses Buch soll für Dich wie ein gut riechendes Rezept dienen und mit eigenen Gedanken, Erlebnissen, Anregungen Dein Leben bereichern. Falls Du den Wunsch verspürst nach einer Verwandlung Deiner inneren Atmosphäre, so wird Dir dieses Buch bestimmt hilfreich erscheinen. Wieso konsumieren wir hauptsächlich Rezepte für die Essenszubereitung? Wie sehen Rezepte aus zu einer wohlwollenden, liebevollen Humorhaltung?

Nachfolgend einige autobiographische Potpourris oder auch Hummercocktails – ohne Alkohol. Diese können helfen, Deine Lebenskraft zu unterstützen, um das Vertrauen ins Leben niemals zu verlieren. Humor zählt für mich zu einer Bewusstseinserweiterung, indem wir das Positive fokussieren. Mein Schreibstil – frei von der Leber, es einfach tun, ohne eine bekannte Schriftstellerin zu sein – bereitet Spaß und wurde vor allem in diesem besonderen Jahr zur Herzensmission. Das Schreiben half mir enorm, den Boden unter meinen Füssen zu spüren. Einiges wirst Du aus meiner unteren Schicht des ‚Fadenkörbchens' erfahren. Trifft es Dich da oder dort bei meinen Geschichten mitten ins Herz, oder in den Bauch, den Kopf oder in die kleine Zehe, freut es mich. Ungeschminkt und unverblümt lasse ich meine Finger im Vertrauen über die Tastatur gleiten und entdecke pure Freude.

Die Namen habe ich geändert und vielleicht erkennst auch Du DICH in meinen Geschichten. Viel Vergnügen! Erlaube Dir, zu Lächeln oder Lachen.

Lachen und Böse sein kann laut Hirnforschern nie gleichzeitig stattfinden.

Selbstgestrickter Pullover und roter Hut

Mit 19 Jahren tickte meine weibliche innere Uhr, sich auf die Suche zu begeben nach einem passenden Partner. Es gab Herren, die machten mir den Hof, doch wie so oft im Leben, das, was man nicht will, zieht man an, und das, was man unbedingt möchte, bekommt man nicht.

Über ein Osterwochenende strickte ich einen grüngestreiften baumwollenen Kurzarmpullover. So manche Masche des Strickgutes war mit unterschiedlichen Gefühlen gestrickt. Einmal Zweifel, dann Glücksgefühle, Liebesgedanken, eben den gesamten Gefühlsbrei. Meine Gedanken drehten sich um einen Mann, der mit meiner Mutter im Kirchenchor am Osterfest singen wird. Der Pullover musste einfach fertig werden. Obwohl Ostern erst Mitte April angesagt war, ging ich an diesem Morgen mit meinem neuen knallroten Hut, roten Dreiviertel-Stoffhosen, neuen roten Ballerinas und meinem fertig gestrickten grünen Kurzarm-Pullover zur Sonntagsmesse. Es schien die Sonne und die Temperaturen stiegen an, doch in der Kirche war es wie in einem Eiskrater. Ich wollte unbedingt meinen neuen Pullover zur Schau stellen, statt diesen zu verdecken. Meine Hühnerhaut war ersichtlich. Die Bühne des zukünftigen Lebens war mir wichtiger und die Devise, mit Hut etc. aufzufallen, war ein klares Statement: ‚schaut mich an‘. Während des Schreibens fällt mir auf, dass ich damals mit rotem Hut und selbergemachtem Pullover auftrumpfte. Die heutige Jugend benutzt neben Make-up, aufgespritzen Lippen, gefärbten Haaren usw. andere Hilfsmittel und investiert enorm für die äußerliche Hülle. Doch die wahre Fülle und das Strahlen kommt von Innen – aus dem Herzen. So trifft heute die Aussage ‚weniger ist mehr‘ für mich voll ins Schwarze.

Scheia-Waya-Folgen

Im November feierte das Unternehmen, in dem Louis arbeitet, das alljährliche Weihnachtsessen. Freudvoll tauscht Louis an diesem Abend seine Baustellenkleider in eine schicke Bekleidung. Er verabschiedet sich von Lena, seiner Frau, die an diesem Abend lange wach liegt. Um Mitternacht hörte sie auf damals ‚DRS1‘ den Nachtexpress – das Wunschkonzert. Bei Licht und Radiosound schlief sie ein. Um 2 Uhr erwachte Lena erstmals. Sie löschte das Licht und stellte den Radio ab. Im Wissen, Louis wird in etwa – wie jedes Jahr – um diese Uhrzeit nach Hause kommen. Auf den Kirchenglockenschlag um 6 Uhr legte Lena einen Arm auf die Bettseite von Louis. Lena erschrak heftig. Louis ist nicht da. Horrorszenarien durchkreuzen ihren Kopf, ihr Herz raste, was ist, wenn … *(kennst Du dieses Gefühl, einer derartigen Situation ausgeliefert zu sein, panisch, mit unzähligen schlechten Gedanken heimgesucht, mit Herzrasen zur Folge?).* Das ist nicht ihr Louis, da muss etwas passiert sein. Lena wählte den Notruf, denn sie zitterte am ganzen Körper. „Das kann nicht sein. Das ist nicht mein Mann!", hörte sie sich ins Telefon sagen und fragte den freundlichen Polizeibeamten, ob es irgendwo einen Unfall gegeben hat zwischen Basel und Lupsingen. Der Polizeibeamte beruhigte Lena und meinte: „Es ist keine Meldung eingegangen und Louis wird bestimmt bald heimkommen". „Aber vielleicht liegt sein Auto irgendwo in einem Straßengraben. Schauen Sie doch bitte nach. Ich habe zwei Kleinkinder und kann unmöglich nachschauen", meinte sie. Denn das sei nicht die ART ihres Mannes!!! *(Heute würde sie sagen, was für eine hysterische, von Angst heimgesuchte Frau sie war.)* Nun, Lena legte das Telefon auf und rief jetzt um ca. 6.20 Uhr den Chef von Louis zuhause an. Das Telefon klingelte keine zweimal. Seine Frau antwortete. Es tönte, als ob sie von Kummer heimgesucht ist. Lena erkundigte sich, ob sie ihren Mann sprechen könnte. „Ah, der ist noch nicht nach Hause gekommen", sagte die Frau des Chefs. Jetzt hatte Lena die Gewissheit, dass Louis wenigstens mit dem Chef unterwegs war. Wo auch immer die zwei sich in diesen frühen Morgenstunden aufhielten. Für die Jungleser muss ich hier betonen: ca. im Jahre 1998 gab es noch keine Handys! Kurz vor 7 Uhr hörte Lena das Auto von Louis in der Garageneinfahrt. Die Angespanntheit fiel ab. Als Louis Lena auf der Treppe sah (klar ohne Wallholz) meinte er: „Schätzi, schläfst du nicht mehr?" Ui, die Zunge von Louis war schwer und er war locker und lustig drauf. So, jetzt kam der ‚Hausdrachen' zum Vorschein. Ein Balsam von Liebesworten gebührte Louis keineswegs, sondern es folgte eine klare Ansage von Lena. „Ab ins Bett – jedoch nur bis um 9 Uhr. Dann fahren wir wie vereinbart nach Baden, um das große Geburtstagsgeschenk für unseren Sohn abzuholen." Als Lena und Louis an diesem Morgen die Dorfstraße hinunterfuhren, winkte ihnen ein Bekannter zu, um anzuhalten. Lars fragte Louis, ob er mit ihm am Nachmittag nach Bärschwil kommen könne, um zu holzen. Lena beantwortete die Frage sofort mit: „Ja, ja, er kommt". Klar litt Louis an diesem Tag. Doch wer auf Scheia-Waya Partys gehen kann, kann auch arbeiten am anderen Tag! Als Louis ca. um 17 Uhr abends sehr durchfroren von diesem strapaziösen Tag heim kam, war ihm die Dusche gegönnt, um endlich in das langersehnte Bett zu steigen und nur noch zu schlafen.

Theaterabend Fauteuil

Längst schon freut sich Kathrin auf den Theaterabend im Fauteuil beim Spalenberg in Basel. Emil Steinberger, Alleinunterhalter, immer noch aktiv auf der Bühne. Ihr Mann Markus übt ein zeitintensives Hobby aus und hat eine Kaninchenzucht. Morgens und abends verbringt Markus Zeit bei seinen Tieren und vergisst das Rundherum. Genauso an diesem Abend. Kathrin ruft ihrem Mann in Erinnerung, dass die Zeit fortgeschritten ist und die Uhr schon 19.30 zeigt und sie wirklich losfahren müssen. Nun, um 19.40 Uhr, springt der Motor seines Autos an. Markus fährt in Richtung Kleinbasel. Kathrin fragt ihn, warum er nicht nach Grossbasel fährt. Nun, er dachte, die Aufführung sei im HäbseTheater. Ja, Basel ist mit mehreren Theaterhäusern gesegnet. So überquert Markus die mittlere Rheinbrücke – mittlerweile kurz vor 20 Uhr. Oh weh! Das Auto kommt ins Stocken – der Tank ist leer! Das Szenario im Auto eher unerfreulich. So steigt Markus aus. In seiner Wut über sich selbst schiebt er – Kathrin im Auto sitzend – das Vehikel auf das Trottoir. Danach springt er wie ein junges

Reh über die Straße, nach einer Tankstelle suchend. Kathrin steigt aus, entfernt sich vom Auto. ‚Das geht mich nichts an, ich gehöre nicht zu ihm‘, denkt sie sich und geht mit schnellen Schritten Richtung Theater. An der Kasse teilt Kathrin der Dame mit, dass sie von einer Autopanne heimgesucht wurden und ihr Mann eventuell später nachkommt. Natürlich hat Kathrin ebenso das Ticket für Markus in ihrer Tasche. Gut, ausgerechnet für diese Vorstellung buchte Kathrin ihre Plätze in der vordersten Sitzreihe – sprich, direkt vor der Bühne.

Circa 20.30 Uhr ist die One-Man-Show in vollem Gange. Der Saal des Theaters Fauteuil vollbesetzt, stürmt Markus durch die vordersten Sitzreihen (alle mussten aufstehen, da diese Theaterbestuhlung sehr eng ist), um sich neben Kathrin zu setzen. Kathrin schaut zur Bühne, schenkt Markus keine Beachtung. Sie versucht zu vertuschen, dass der zu ihr gehört. Emil, der Komiker auf der Bühne, sagt in diesem Moment „Guete Abe“ und Markus schaut Kathrin sehr vorwurfsvoll und immer noch nach Luft schnappend an. Kathrin konnte nur noch lachen. Lachen, bis der Bauch wackelte.

Erst Jahre später erzählte Markus, wie er zu Benzin gekommen ist. Er musste sich ein Taxi nehmen, der ihn zur Tankstelle brachte, einen Kanister kaufen, mit Benzin füllen, zurückchauffiert werden, um das Auto wieder in Bewegung zu bringen. Vom Preis dieser Panne sprechen die beiden nicht. Doch solche Geschichten bleiben hängen und bringen sie jedes Mal von neuem beim Erzählen in ein Lachgeflecht.

Barbara Johnson zitiert so wunderbar: „Das Lachen ist für das Leben, was die Stossdämpfer für ein Auto sind. Zwar bringt es die Schlaglöcher nicht zum Verschwinden, aber es macht die Fahrt doch um einiges angenehmer“.

Ruckli Hürlimann
oder „Hürlimann-Ruckli"

Vor 30 Jahren wurde ich vom Zivilstandesbeamten unseres Dorfes gefragt, ob ich meinen Mädchennamen behalten möchte und den Namen meines Mannes hinter meinen hinzufügen. Ich überlegte einen kurzen Moment, schaute meinen Mann an. Wir hatten dies nicht in Erwägung gezogen, da es diese Möglichkeit noch nicht so lange gab. Doch beim jetzigen ausstehenden Entscheid grübelte ich ein wenig. Einige Erlebnisse schwirrten mir durch den Kopf, als mein zukünftiger Schwiegervater seinen Familiennamen Hürlimann oft „blöffig" in den Vordergrund stellte. Ich informierte mich beim Beamten, ob von diesem Recht, den ledigen Namen zu behalten, schon Gebrauch gemacht wurde (wurde erst vor 30 Jahren rechtlich angepasst). Er sagte: „Sie wären die zweite Frau in unserem Dorf". Ich stimmte dem Namen Hürlimann zu. So würden ich und unsere Kinder im Alphabet nach vorne rücken.

Zuhause unterbreitete ich meinem Schwiegervater, dass ich die zweite Frau im Dorf sei, die den Mädchennamen behalten würde. Er schüttelte den Kopf, stand auf und ging Fernsehschauen. Diese Aussage kam genügend ERNST rüber – um all den im Vorfeld genannten Überheblichkeiten bezüglich des Familiennamens einen Schock zu setzen. Sein Ärgernis nahm Raum ein. Am anderen Tag kam meine Schwiegermutter zu mir und erkundete sich mit Nachdruck, ob ich das wirklich getan hätte. Wenn ja, würde der Vater von Gerry nicht an unserer Hochzeit teilnehmen.

Meine Revanche auf die zahlreichen Verspottungen meiner Namens-Herkunft zeigte Wirkung und hat auch noch über Nacht Spuren hinterlassen. Denn Hürlimann zu heißen, dies sei eine Ehre – meinte meine Schwiegermutter im vollen ERNST. Ich begann zu lächeln und freute mich, beide auch noch von einer mutigen Seite kennenzulernen. Dieses Namensspiel hatte jetzt ein Ende und dieses Thema habe ich im richtigen Moment vom Tisch gefegt.

> **„Die Phantasie tröstet die Menschen über das hinweg, was sie nicht sein können, und der Humor über das, was sie tatsächlich sind."**
> *(Albert Camus)*

6. Dezember/Samichlaus-Ritual

Nun ja, mit den verschiedenen bestellten Samichläusen hatte Alena so ihre liebe Mühe. Denn die Erlebnisse waren eher wenig erfreulich. Während sich Alena an diesem 6. Dezember für das Samichlaus-Abendessen mit Grittibänze, Lebkuchen und Tischdekorieren beschäftigte, flammt in ihr die Idee auf, sich als Samichlaus zu verkleiden.

Ein brauner Mantel, warum nicht? Eine alte Brille mit großen Gläsern, rote Zipfelmütze und ein weißer Bart aus Watte, „et voilà!". Während das Abendessen mit den Kindern von Alena und deren vier Großeltern in vollem Gange war – Erdnüssen wurden geknackt, Mandarinen geschält – stahl sich Alena vor die Haustür und verkleidete sich. Die weißen Handschuhe leuchteten an ihren Händen, so, wie das große dicke „Readers Digest- Buch" ebenso. Mit etwas mulmigem Bauchgefühl, jedoch mit großer Vorfreude, in der neuen Rolle zu wirken und sein, drückte Alena die Hausklingel. Der mittlerweile pubertierende Sohn von Alena öffnete die Tür. Alena begann in der neuen Rolle herzhaft aufzugehen und konnte ihr Lachen nur schwer unterdrücken. Das Lachen war hörbar ansteckend, so dass jetzt auch die Schwester nach dem unerwarteten Gast schauen musste. „Nei also – nei – ich glaubs nid", hörte Alena sie sagen. Alena betrat die mit Kerzenlicht geschmückte Wohnküche. Alle am Tisch schauten in voller Spannung den daherkommenden Samichlaus im schummrigen Licht an. Mit einer tieferen Stimme beginnt Alena aus dem „Tadellosen" Buch vorzulesen und verbreitete mit LOB, Dankbarkeit und Wertschätzung viel Freude. Ein derARTiger Samichlaus-Abend war einmalig für alle Familienmitglieder. Leider war Mama nirgendwo zu finden, so dass sie diesem Spektakel hätte beiwohnen können.

Die jüdische Dichterin Hilde Domin sagt: „Wenn sie mit offenen Armen auf den anderen zugehen, an das Gute im Menschen glauben, an das Wunder glauben, übt man sich im Vertrauen".

Leukerbad, eine Reise wert

Meine zweite Heimat in der Schweiz ist Leukerbad. Da zieht es mich oft hin, egal zu welcher Jahreszeit. Einige Bekannte und Freunde sind uns nach unseren Schwärmereien gefolgt.

Einmal saßen wir als Familie in einer Gondel. Plötzlich erkannte unser Sohn aus unser Wohngemeinde die Familie Herzig. Voller Aufregung sagt der 9-jährige Sohn: „Mama schau, wie *Herzig* die Familie Herzig skifährt".

Solche Momente mit liebevollem kindlichen Humorgehalt anzuerkennen, frei von persönlichem Angriff, erscheint mir eine hohe Lebenskunst. Egal, wie diese Familie skifährt, das Wichtigste ist die innere Atmosphäre, die ausgelöst wird beim Skifahrenden und beim Betrachter. Wenn bei allen eine positive Sichtweise der Freude vorausgeht, stärken wir unser kollektives Bewusstsein.

„Neumödisches Züügs"
Ein anderes Mal saßen wir mit Freunden in der Gondel. Die Mutter, zuständig für den Sonnenschutz, strich mit der neu-

modischen Tube das Gesicht ihres Mannes ein. Sie drückte auf die Tube und es wollte einfach nicht mehr rauskommen, obwohl diese Tube neu gekauft wurde. Dieser Roller an der Spitze ging nur harzig über die Backen, Stirn und Nase. Das Gesicht von meinem Gegenüber erhielte eine glänzende, wachshaltige Schicht verpasst und ich fragte die Freundin, weshalb sie so viel Lippenpomade ins Gesicht streiche? Jetzt war es klar und die volle Kabine mit sechs Insassen fiel ins Grölen. Ich erklärte der Mutter, dass diese Tube in Doppelfunktion zu benutzen sei. Einerseits als Lippenpomade, und nachdem man den gesamten oberen Teil der Lippenpomade abschraubt, kann das „Neumodische Zeugs" als Sonnencreme gebraucht werden. Nun ja, neu würde nicht NEU heißen, wenn wir es schon kennen.

„Walliser Roggenbrot"
Wer liebt es nicht und genehmigt sich gerne beim Frühstück eine, zwei oder drei dünne Scheiben! Während des Tages setzt dann meist der Stoffwechsel ein und bei freier Fahrt auf der Piste erlaubt sich so mancher „Verklemmter Furz" durch die freien Pobacken aus der Enge zu fliehen. Auch ich schenkte meinen Gasen sehr wohl den nötigen, befreiten Raum. An einem Tag gab es nicht genügend Schnee, so dass wir mit den Skiern die Talabfahrt hätten machen können. Wir mussten die große Gondel benutzen, um hinunter ins Dorf Leukerbad zu gelangen. Mein Sohn meinte in der vollbesetzten Gondel plötzlich relativ laut: „ Mama, doh het öpper gfurzt – und dä stinkt wie dini"! (Mama, hier hat jemand gewindet, und dieser stinkt wie deine.) Nun ja, meine Pobacken haben in diesem Moment kläglich versagt. Trotz leisem Entfliehen und Loslassen kam es dazu, dass ich herzhaft zu lachen begann und versuchte, die Situation zu entspannen. Das ist übrigens ein Muster von mir. Wenn es mir äußerst peinlich ist, werden sämtliche Lachmechanismen in mir aktiviert und ich kann mich beinahe nicht mehr einrenken.

Sonntagsgeburtstag

Bei starkem Schneefall liefen wir an einem meiner Geburtstags-Sonntage in dieser wundervollen Stille zum Bodmerstübli, ca. eineinhalb Stunden von unserm Ferienhaus entfernt. Dort angekommen, genehmigten wir uns einen halben Liter Weißwein. Typischer, ‚leichter‘ Walliser-Johannesberg. Unsere mittlerweile volljährigen Kinder waren eingeladen, mitzutrinken, mit mir auf meinen Geburtstag anzustoßen. Doch beide verneinten. Oh weh, ich weiß – Weißwein ist nicht optimal für mich! Der Schneefall nahm in der Zwischenzeit zu und irgendwie fühlte ich eine Schwere in meinen Beinen, als ich wieder draußen an der frischen Luft stand. Ich konnte mich kaum auf den Beinen halten. Vorwärts zu gehen war eine Anstrengung. Als dann beide Kids noch den Lobspruch gaben, dass ich schwanke, lag ich im Schnee und konnte alleine beinahe nicht mehr aufstehen. Lachen erschwerte zudem das Aufstehen und meine Kinder amüsierten sich hochkarätig über ihre lachende, beschwipste „Mutti". Die Rückkehrzeit zog sich in die Länge, denn der Schnee wurde immer mehr und mehr. Diese Droge lag zentnerschwer in meinen Beinen und ich werde mich hüten, eine solche Erfahrung reicht!

Schlittenfahrt auf dem Bauch

Es war eher neblig, und zum Skifahren auf Torrent wenig ansprechend. Deshalb legten wir einen Schlitteltag auf dem Gemmi ein. Wunderbar warm eingepackt mieteten wir die Schlitten und sausten die Piste hinunter. Papa voraus. Den Kindern vorzeigend natürlich bäuchlings, denn so schlittelte ‚Mann‘ ja schon als Kind den Hang hinunter. Eben frech und möglichst schnell. Es hatte ca. 20 cm Neuschnee. Ich nahm es gemütlich und saß auf dem Schlitten, ohne Eile. Wie durch ein Wunder hörte ich an einer meiner Schlittenkufen etwas metallartiges kratzen und bremste meinen Schlitten. Auf allen Vieren verfolgte ich meine Schlittenspur und fand tatsächlich den Schlüsselbund von meinem Mann im Schnee. Ich traute meinen Augen nicht. Dass ich den fand; da waren anscheinend kluge Helfer am Werk. Ich steckte die Schlüssel ein und schloss den Reißverschluss. „So, warte nur", ging es mir durch den Kopf. Unten angekommen, traf ich auf meine Familie. Wir fuhren mit der Gondel wieder hoch und wiederholten die Schlittenfahrt weitere Male. Als wir bei der großen Luftseilbahn in der Kolonne standen – um von der Gemmi wieder nach Leukerbad zu kommen – sah ich, wie mein Mann in allen offenen Taschen begann, nach seinen Schlüsseln zu suchen. Hände rein, Hände raus. Hosentaschenkontrolle. Sein Gesicht veränderte die Farbe, denn schließlich waren ALLE Schlüssel – auch die vom Geschäft – an diesem Schlüsselbund. Ich fragte mal so beiläufig, was er den suche. Ungern gab er mir eine Antwort auf diese Misere. Ich spürte, wie in mir die ‚Schaden-Freude' hochkam und zückte den Schlüsselbund. „Suchst du diese?", fragte ich ihn. Er: „Ja! Wo hast du diese gefunden?" – „Nun, die lagen im Schnee und ich bin mit meinem Schlitten darübergefahren", sagte ich. „Ja, und mein Militärmesser, das ich seit der RS habe, hast du das auch gefunden?", fragte mein Mann ernsthaft. Mein Mund blieb offen. Wie konnte er eine derartige Frage stellen? Weder ein ‚Zum Glück hast du die Schlüssel gefunden' noch ein ‚Danke' bekam ich zu hören. Ich verstand in dem Moment die Welt der Wichtigkeitsmaterie nicht.

Hinterher war er bestimmt froh, doch diese Erkenntnis folgt oft zeitverzögert.

Sonnencreme Desaster

Zu viert fuhren wir in die Berge zum Skifahren. Ein Kollege meines damaligen Freundes (heute Ehemann) lernte spät Skifahren und fuhr eher etwas unsicher den Berg hinunter. So kam es, dass er ab und zu hinfiel. Nichtsahnend musste bei einem sol-

chen Hinfallen seine Sonnencreme-Tube in seiner Skijackenta-
sche zerplatzt sein. Er bemerkte dies erst, als wir uns am Nachmittag auf der Sonnenterrasse sonnten und er sich eincremen
wollte. Er griff mit seiner Hand in die Tasche und meinte: „He,
das ist doch praktisch. Da hast du die Sonnencreme viel schneller aufgetragen", und strich sich mit der weißen Hand, voll von
Sonnencreme, über sein Gesicht. So, dass es schön weiß aussah.
Natürlich haben die Gäste dies von den Nebentischen mitbekommen und wir mussten herzhaft lachen.

Genau dieser VIRUS ist fatal, wenn dieser sich verbreitet!
Mitlachen – auch dann, wenn man vielleicht gar nicht richtig
mitbekommen hat, weshalb die anderen lachen. Einfach im
Wissen, dass dabei pro Lacher 6 Kalorien verbrannt werden.

Beobachtungsstudien belegen, dass vom Lachen Schmer-
zen gelindert, Ängste reduziert und Stress abgebaut werden.
Ebenfalls begünstigt Lachen das Einschlafen und verbessert
die Schlafqualität, und mit Lachen verbessert sich die Sauer-
stoffversorgung des Immunsystems. Also, wo immer gelacht
wird: Kräftig mitlachen und mithelfen, diesen Virus zu verbreiten, auch genau dann, wenn du vielleicht nicht weißt,
warum die lachen! Nutze diese Auslöser, um dein Leben ein
Stück zu ent-ERNST-en.

Es kommt schon wieder gut

Ich kenne ausgelassene, frohlockende, freie, beglückende „Cor-
nelia-Momente", welche mir noch heute freudvolle Gefühle hervorzuzaubern. Die Blauring-Mädchenzeit galt dem Austoben, Lachen, Spielen, Herumalbern, Singen, Bewegen und
einfach Ich-sein.

Ich bin ein einfach gestricktes Kind. Was bedeutet, dass ich
mit wenig materiellen Gütern aufgewachsen bin – als zweite

Tochter von drei Geschwistern. Schon als Kind lernte ich von meiner Mutter, wie sie uns lustige Geschichten oder Gegebenheiten mit viel Zwischenlachen erzählte. Das beeindruckte mich. Diese Einfachheit und Leichtigkeit, angeknüpft an eine bildhafte Sprache. Beim Witze erzählen lachte sie weit davor. Holte ihre Zuhörer mit ins Lachboot, bis sie endlich die Pointe zum Besten gab. Sie konnte über manche Panne, die uns Kindern passierte, herzhaft und manchmal unverfroren und auch mutig lachen. So, dass der „ERNST" der Lage aus dem Hause getrieben wurde. Sie nahm uns vier Kinder so an, wie wir waren. Wie oft ermunterte sie uns mit dem Spruch, dass „alles wieder gut wird". So überzeugend konnte nur unsere Mutter lügen. So oft verweilte ich in meiner Ungeduld, als ich damals als Kind mehrere Wochen wegen Angina mein Bett hüten musste. Doch in diesem Satz lag ein Zauber inne und half, an die Heilung zu glauben.

Essigsaure Tonerde gegen Mayonnaise

Während einer Episode höre und sehe ich unsere verstorbene Mutter heute noch vor meinem geistigen Auge, frühmorgens herzergreifend lachen. Meine Schwester, die oft von Stechmücken gepeinigt wurde, versorgte diese Stiche jeweils mit Essigsaurer Tonerde aus der Tube. Um den Juckreiz und die Schwellung in der Heilung zu unterstützen, griff sie an diesem Morgen – wegen ihrer geschwollenen Augen – zur Essigsauren Tonerde Heiltube. Durch ihr eingeschränktes Sehvermögen (wegen der zugeschwollenen Augen) drückte sie anstelle der Mayonnaise Essigsaure Tonerde auf ihr Brot. JA, dieses mutige, echte Lachen von unserer Mutter, diente zur Auflösung von einiger Lebensdramatik.

Der nasse Waschlappen

Vor 4 Jahren ist meine Lebensspenderin dorthin zurückgekehrt, von wo wir alle herkommen.

Den Todestag vergesse ich nie. So kam es, dass der 6. Oktober 2016 in einer gewissen Hektik über die Bühne ging, um einiges zu organisieren. Als wir Kinder und Vater morgens um 6 Uhr vor ihrem Leichnam standen, lag sie friedlich und endlich schmerzfrei da. Leider hatte das Personal ihr die falschen Wunschkleider angezogen. Wir wussten, dass sie aufgebahrt werden wollte. Und sie bestimmte, in welchem Kleid das sein muss. Ich muss hierzu erwähnen, dass sie ihren gesamten Abschied würdevoll ins Detail geplant hat. Welche Lieder der Kirchenchor singen musste, was es als Leichenmahl gab etc.

So schnitten wir an diesem Morgen von hinten das gewünschte dunkelblaue schicke Kleid auf und halfen der Krankenpflegerin beim Um- und Anziehen. Als sie dann eingesargt wurde, entspannten kleine Witze die Situation. Als ob sie uns in dem Moment einen Lachtrost zusendete. Wie besprochen und gewünscht, legte ich ihren kleinen „Pfüdi" (aus Filz hergestellte Kugel) in den Sarg, damit ihr damals vor 55 Jahren totgeborenes Kind auch eine anständige Beerdigung mitfeiern durfte. Das waren ihre Worte.

Damit ich von meiner Mutter gebührend alleine Abschied nehmen konnte, fuhr ich spät abends zur Leichenschauhalle im Hospiz. Eine Nachtschwester öffnete mir die Tür und fragte mich, ob sie mir einen Tee bringen soll/darf. Ich bejahte und es war stimmig, mich mit ihr neben dem Leichnam zu unterhalten, denn ich empfand ihren Körper nur noch als eine Hülle. Ihre befreite Seele schwirrte sehr wohl im Raum umher, um den traurigen Blicken ein Lächeln ins Gesicht zu zaubern.

Eine Freundin rief mich plötzlich an und fragte mich, wie es mir gehe. Ich konnte kein Wort sprechen, weil es mir die

Kehle zuschnürte. Sie setzte sich ins Auto und fuhr in fortgeschrittener Nacht zu mir ins Hospiz.

Wir schauten gemeinsam auf diese Hülle und spürten, dass die Energie der Verstorbenen diesen Raum erfüllte. Meiner Freundin kam eine Kindheitserinnerung hoch, die uns herzhaft zum Lachen brachte.

In Schindellegi kreierten wir in einem Blauringlager einen *Wetten-dass-Abend*. Ich muss dazu sagen, dass unsere beiden Mütter damals für die Küche zuständig waren. An diesem Abschlussabend baten wir die beiden und den Pfarrer aus unserem Dorf auf die Bühne. Das heißt, wie in der echten *Wetten-dass-Show* luden wir *Promis* ein. Geschichtenerzählerin (war meine Mutter) im lila und blauen Blumenkleid sowie dunkelblauem Hut. Schauspielerin (die Mutter meiner Freundin), Velorennfahrer (ein Jungwächter aus Schindelegi) und unser Dorfpfarrer.

Wir wollten wissen, wer sich von den Gästen am schnellsten hinsetzen konnte. Deshalb bat ich alle vier, aufzustehen. Während ich mich mit ihnen unterhielt, bemerkten sie nicht, dass ein Blauringmädchen einen „pflotschnassen" Lappen auf den Stuhl legte. Plötzlich bat ich alle vier, sich hinzusetzen. Drei davon juckten und sprangen von den Stühlen, während die Kälte und Nässe durch die Kleider drang. Doch *Trudi Gerster* blieb sitzen und konnte vor Lachen nicht mehr aufstehen. Der gesamte Raum erfüllte sich mit ihrem ansteckenden Lachen und es war, als ob ein wohltuender liebevoller Virus so manche Mädchenseele heimsuchte. Während meine Freundin mir diese Geschichte erzählte – die ich längst vergessen habe – lachten wir herzhaft. Hier und jetzt in diesem traurigen Moment des Abschieds. Als ob meine innere Angespanntheit wie bei einem Herbstblätterflug abgefallen ist, fühlte sich dieses Lachen so heilsam und wohltuend an. Bestimmt wollte *Trudi Gerster* uns auf keinen Fall traurig sehen, deshalb brachte sie mir bestimmt meine innig geliebte Freundin und diese längst vergessene Geschichte zurück.

Wer plötzlich aufgefordert wird, sich mit dem Tod auseinanderzusetzen, den kann ich nur aufmuntern, *dass der Tod nicht immer nur schwarz trägt'*.

Dazu fällt mir gleich noch eine weitere Lachgeschichte ein, mit derselben Freundin und meiner Mutter.

Nach einigen Lachvorträgen in der ganzen Schweiz organisierte ich erstmals einen Vortrag in unserer Region. Meine Mutter und eben dieselbe Freundin waren mit von der Partie. Als ich zum Moment kam, indem jede Person sich ein Gegenüber suchen sollte, trafen meine Freundin und meine Mutter aufeinander. Während ich allen empfahl, die rote Papp-Nase aufzusetzen, hörte ich die beiden zünftig lachen. Und beide weinten Tränen vor Lachen. Wir fühlten uns zu diesem Spektakel buchstäblich hingezogen und versuchten durch Blicke zu erkennen, weshalb die beiden derART symbiotisch in einem Lachtanz gelandet sind. Ich erkannte den Grund. Meine Mutter zog die rote Pappnase verkehrt an, sodass sich beim Einatmen die bewegliche Papp-Nase zusammenzog und beim Ausatmen wieder ausdehnte und rund erschien. Dies geschah bei meiner Mutter deswegen, weil die Nasenlöcher der Papp-Nase gegen den Himmel schauten statt gegen den Boden. Shit happens!

Tränen, die man gelacht hat,
muss man nicht mehr weinen.

Schafskopf Entsorgung

Eine weitere Geschichte aus einem Blauringlager in Ruschein fällt mir ein. Maria (meine Mutter und letztendlich auch Lagermami/Lagerköchin für alle Mädchen) war am Nachmittag spazieren. An diesem Tag kamen von unserem damaligen Wohnort ein paar Pfadfinder auf Besuch. Am Abend saßen wir um unser Lagerfeuer, sangen, spielten, lachten bis in die späten Nachtstunden. Ich legte mich früher als die anderen zu Bett. Während ich mich in meinem Schlafsack einnistete, fiel mir auf, dass da an meinem Fußende etwas Dubioses war. In mir sträubte sich etwas, meine Füße auszustrecken. So knipste ich meine Taschenlampe an und beleuchtete dieses merkwürdige Teil. Da lag doch tatsächlich ein Knochenkopf in meinem Schlafsack! Wutentbrannt lief ich zum Fenster, wo die Pfadiboys noch mit anderen Blauringgirls um das Feuer saßen. Ich schrie in die Nacht hinaus: „Ihr seid fertige Säuihünd!" (ihr seid echte Schweine!) und schnellte das Fenster wieder zu. So, das musste gesagt sein.

Am anderen Morgen fragte mich meine Mutter, weshalb ich mitten in der Nacht rumbrüllte. Ich erzählte ihr die Story und ich kenne sie ja schon seit meiner Geburt und konnte mit 15 Jahren genau erkennen, was sich hinter ihren Gesichtszügen verbarg. So erahnte ich plötzlich, welchen Schalk sie versuchte zu verbergen. Sie lachte hinten auf ihren Stockzähnen und ich stockte während dem Erzählen der Geschichte und schaute sie erstaunt an. Oh NEIN, „sag nicht, dass DU dir diesen Zapfenstreich mit diesem Schafskopf ausgedacht hast?" Tatsächlich, so etwas habe ich ihr nicht zugetraut! So blieb mir nichts anderes übrig, als mich bei den angeschwärzten Pfadiboys zu entschuldigen.

Eri Basel oder Ritz Zürich?
Hauptsache individuell

Seit ich 12 Jahre jung bin, habe ich bis heute eine Brieffreundin. Weil unsere Väter beide in einem Schützenverein aktiv waren, langweilten wir uns an den Schützenfesten und lernten uns dadurch näher kennen und schätzen. So kam es, dass sie ihre Hochzeit nur 4 Wochen nach unserer Hochzeit, im selben Jahr 1989, ankündigte. Ich schritt mit meinem Vater durch das Kirchenschiff, wo ich meine Kinder- und Jugendzeit erlebt habe. Meine Brieffreundin saß neben ihrem zukünftigen Ehemann und ihrer Familie. Zu diesem Zeitpunkt lebte sie in Zürich. Wir sahen uns nur selten. Doch bei dem Anblick, wie ich so daher schritt, wurde es in ihrer Bauchregion immer eigenartiger zumute. Tatsächlich haben wir beide das exakt gleiche Hochzeitskleid ausgesucht, sie in Zürich bei der Brautmode Ritz und ich in Basel bei Eri. Als ob es nur ein Hochzeitskleid der Welt geben würde. Doch es spricht für uns beide. Wir feierten 2019 mit unseren Männern bei einem gemütlichen Essen unseren 30. Hochzeitstag.

Do you speak english?

Meine Eltern wurden vom gesunden Reisefieber heimgesucht. Da mein Cousin mit Frau und Kindern nach Neuseeland ausgewandert ist, planten meine Eltern, mit dessen Vater und Freundin dort hinzureisen. Ich stellte ihnen eine zweimonatige Reise zusammen – quer durch Australien und Neuseeland. Beide Länder besuchte ich anno 1986/1987 während mehrerer Monate. Damals war das etwas Besonderes. Man bedenke, es war die Zeit, als geradeaml das Faxgerät ins Leben geboren wurde. Ich versuchte, den vier Reisenden mit fortgeschrittenem Alter ein paar wichtige englische Sätze mit auf den Weg zu geben.

Was haben wir dazu gelacht. Es waren eher Lachstunden als englischer Sprachunterricht. Als die ganze Reise vorbei war – mein Onkel hatte stets seine Filmkamera dabei – hörten wir beim Ansehen seiner Filme, wie er nach einem Flug beim Ausgang eines Flughafens in die laufende Kamera sprach: „Und jetzt sind wir grad in ‚EXIT' angekommen".

Prophetin auf dem Barfüsserplatz

Meine Freunde lieben mich für meine Andersartigkeit und auch wenn ich mich auf komischen Flohmärkten aufhalte. Nachdem ich aus der katholischen Kirche ausgetreten bin, war ich auf der Suche nach einer neuen Gemeinschaft. Ich hatte den Eindruck, dass ich irgendetwas „Seelenbalsammäßigem" angehören müsse. Ich brauchte diese besondere Erfahrung, welche mir eine Bekannte an einem Nachmittag vorschlug. Ich trat in eine *weiße Brüderschaft* ein. Näher gehe ich auf diese *Sekte* nicht ein. Denn ich ging so weit, dass ich mir wie *Franz von Assisi* eine braune lange Robe überzog, um so Werbeflyer für diese Gemeinschaft zu verteilen, auf dem Basler Barfüsserplatz! Wenn ich heute zurückdenke, stelle ich fest, wenn mich jemand mitreißt und der Begeisterungsfunke überspringt, bin ich dabei und laufe mit. Nun, frühestens auf dem Barfüsserplatz in Basel war mein Herz gespalten. In diese Verkleidung zu steigen bedeutete plötzlich für mich, als ob ich mich zum Narren machen lasse. Meine Freundin besuchte mich mit ihrer Schwester über Mittag und alleine wegen des Prophetenoutfits unterließen sie aus Anstand und Respekt ihr Grinsen. Es ging so weit, dass ich nach Amerika/Washington flog, um das Oberhaupt aus der Nähe kennenzulernen, den wir jeden

Sonntag anbeteten. Da gingen mir die Ohren auf. Ich spürte, das gemeinsame Singen war das, was mein Herz höher schlagen ließ. Und nicht die Geschichten von diesem *geliebten Bruder*, der im Rollstuhl saß (weil er, übergewichtig, soviel Bürde der Menschen zu tragen hat). Sein 4000 Dollar teures Outfit haute mich um und ich erwachte während des zehntägigen Aufenthalts zusehend. Bei einigen Aussagen wusste ich: Genau das will ich nicht! Nein, das kann es nicht sein. Wären da nicht auch noch andere Menschen gewesen, die mich baten, die zehn Tage durchzustehen. Die Zwischenräume der freien Zeiten verbrachte ich meistens mit dem Mann von meiner Kollegin, die mich in diese Sekte führte. Am freien Tag fuhr ich mit ihm mit dem Velo in der Gegend herum. Es war sehr heiß und wir lachten viel. Als ich einen Brunnen entdeckte – in Form eines Springbrunnens, der wie ein Tunnel aus dem Boden einen Torbogen spritzte – sah ich, wie einige Menschen darin hin und her sprangen. Oh, ich will auch. Pudelnass ließ ich mich bespritzen, bis mein Begleiter ebenso freudvoll mit in dieses Abenteuer einstimmte. Wir lachten, amüsierten uns. Als ob die inneren Kinder Heimat entdeckt haben. Der Begleiter meinte, sowas hätte seine Frau nie mitgemacht. Oh, so ein armer Mensch. Während des Heimflugs über den großen Teich wusste ich: Dieser Flug trug mich aus dieser Gemeinschaft fort. Und ich war froh, diesen Lernweg wieder zu beenden.

Ich will Singen und so das Gemeinschaftsgefühl spüren. So trat ich in einen Gospelchor ein. Diese Erfahrungen zeigen mir auf: ***Wenn ich vor einer Pizzeria stehe und die Speisekarte studiere, gelingt es mir nie, zu wissen, wie die Pizza da drinnen schmeckt, bis ich sie in meinem Gaumen ausprobiere.*** Ich bin ein Mensch, der Entscheidungen trifft, um Erfahrungen zu erhalten und danach mitzureden und nicht umgekehrt!

Poulet auf dem Holzofengrill

Ein Hürlimann-Ausflug in den Jura steht an. Mutti packt alles brav ein, um das Wohl der Familie zu unterstützen. Die Fahrt führt ins Grüne. Vor einem Viehgitter (Bovistop) standen ein paar Fahrzeuge, doch denen schenkten wir wenig Beachtung und fuhren mit dem Auto auf eine Wiese. An einem schönen Plätzchen parkten wir unser Auto, packten alles aus, und Papa war für den Grill zuständig, um ein Hähnchen am Stück zu grillieren. Unerwartet geschehen manchmal Dinge! Die Batterie oder Mechanik des Grillspießes funktionierte nicht und mein Mann musste dabeisitzen, um dieses Hähnchen von Hand in gewissen Abständen zu drehen. Klar stand das nicht auf dem Programm. Irgendwie stand ich hilflos da, schaute dem Spektakel zu und ließ die Dinge geschehen. Plötzlich tauchten einige Kühe auf und kamen immer näher. Die Vorbereitungen, welche ich auf dem Boden auf einer Decke schon installiert habe, begann ich zu schützen und wieder einzuräumen. Die Kinder bekamen es mit der Angst zu tun und liefen ins Auto. Dem noch nicht genug. Die Kühe leckten das Salz von unserem Auto ab und kreierten damit ein einmaliges kunstvolles Design am Autolack. Mein Mann wurde dermaßen wütend, dass er einer Kuh, durch die angestaute Wut von diesem nicht funktionierenden Grill, einen gehörigen Fusstritt verpasste. Natürlich hat sich dieser Wutausbruch über das neue Designerauto noch verstärkt. Die arme Kuh wusste kaum, wie es um sie geschah und hüpfte zur Seite. Ich setzte mich ins Auto und fuhr unser Auto VOR den Viehrost. Brav, wie es die anderen Bürger auch taten, die hier zu Besuch waren.

Es zeigt, dass wenn einmal etwas schief geht und die Energie dahinfließt, genau weitere „Malheurs" folgen. Wir mit unserer Gedankenkraft ziehen Ereignisse in unser Leben. Denn die Energie folgt meiner Aufmerksamkeit. Nun, dass unsere Gedanken derart funktionieren, bemerkte und verstand ich erst viele Jahre später. Seit ich davon mehr verstehe, wie unser Gehirn etwa funktioniert, wende ich den Satz meiner Mutter an „alles kommt gut", um so mich und die Umgebung neu auszurichten. Meine oftmals benutzte Äusserung lautet: Es IST, wie es IST. So gelingt es den Beteiligten oder Betroffenen, einen Abstand (*Ab – dem Stand*) zu gewinnen. Trittst du unmittelbar in die Annahme (an-nehmen, akzeptieren, frei von Grübeleien), gehörst du zu den Optimisten. Schau das Wort „Widerstände" an (*wider-Stand, stehen bleiben*). Das Gesetz der Anziehung funktioniert immer. So lohnt es sich, nach zahlreichen Niedergängen von Gefühlsausbrüchen und was alles Mögliche uns Menschen heimsucht, zu überlegen: Wie war die Gedankenlandschaft im Kopf „vor" diesen Anstürmen? Die äußeren Umstände, die auf uns einprasseln, können wir selten verwandeln oder verändern. Jedoch können wir uns, mit unserer Haltung, wie wir damit umgehen, wandeln. Räumen wir dem Zukünftigen die nötige Hoffnung ein, dass es gut kommt! Da hilft jetzt schon Mal ein „SUMSImitPO". Eine Geschichte dieser Figur folgt später.

Freie Körperkultur

Marc und Marta flogen mit ihren beiden Teenagern nach Fuerteventura in die Ferien. Tatsächlich ist die Familie unwissentlichan einem FKK-Strand gelandet, wo die FKK-Szene großzügig zelebriert wurde. Nun ja, sogar für Marc und Marta war das neu. Doch eines Tages „passten" sie sich an und deponierten die Badeanzüge hinter einem Stein – denn auf Fuerteventura treiben die Windböen gerne ihr Unwesen. Ihr Sohn kam zu Marta und Marc ins Wasser und meinte: „Mama, du bisch jo blut (nackt)!" So entschloss er sich, das auch auszuprobieren. Er schwamm zurück und legte am selben Ort seine Badehose hin und sprang – mit einer Hand vor seinem Geschlechtsteil und mit der anderen Hand bei seinem Po-Schlitz – schützend zurück ins Wasser. Als der Sohn bei Marta jetzt auch nackt daherschwamm, meinte er: „Nei Mama das willi nid, wenn das Zügs so umebambelet", und schwamm zurück. Als Marc und Marta aus dem Wasser kamen, waren da unter dem Stein keine Badeanzüge mehr zu finden. Frei in der Körperkultur standen beide da und schauten sich um. Hat wohl der Wind oder etwa ihr Sohn einen Streich gespielt? Den beiden blieb nichts anderes übrig, so wie sie Gott erschaffen hat, in ihr Hotel zurückzukehren und, genau wie ihr Sohn zuvor, ihre Geschlechtsteile mit beiden Händen vor den fragenden, ja fast schockierenden Blicken zu verdecken.

Retter „Rega-Gönnerkarte"

Nach meinem New York-Aufenthalt flog ich von Washington nach Mexiko/Cancún, um die Region von Yucatán mit meinem Mann näher kennen zu lernen.

An diesem Morgen brachte mich meine ehemalige Schulfreundin, die ich in Washington besuchte, zum Flughafen. Eine schwarze Afroamerikanerin kontrollierte hinter dem Desk meinen Pass und mein Ticket. Doch plötzlich fragte sie mich, ob ich noch ein anderes Ausweispapier besitze, denn der Name auf dem Ticket stimme mit dem im Pass nicht überein. Oh Mist. Sämtliche ca. zehn Plastikkarten habe ich durchgecheckt, auf denen Hürlimann Cornelia Maria draufstehen könnte. Meine Schweißperlen waren auf Alarmstufe rot. Weder auf dem Führerschein noch auf den Bank- und Kreditkarten stand mein zweiter Name meiner Mutter. Mist! „Nun, ich kann sie so nicht einchecken und sie müssten das mit ihrem Reisebüro abklären", meinte die Dame. Wohl verstanden, es war Samstagmorgen und in der Schweiz arbeitet durch die Zeitverschiebung niemand! Da erscheint als letzter Hoffnungsfunke meine Gönnerkarte der Schweizerischen Rettungs-Flugwache und tatsächlich sehe ich „Maria" hinter meinem Namen stehen. Jetzt verklickerte ich dieser liebevollen Lady, welche ja nur ihren Job macht, dass dieser biegbare Ausweis ein sehr, sehr, sehr wichtiges persönliches Dokument sei. „This is a very important paper", hörte ich mich plappern. Ich glaube, sie spürte meine gute Absicht und bestimmt auch große Nervosität in meiner Stimme. „Falls mir etwas zustößt, holt mich diese Fluggesellschaft heim", erklärte ich ihr. Sie fragte nicht weiter und ließ mich passieren! Gott sei Dank gibt es einen Retter in der Not.

Who cares?

Als ich entspannt im Flugzeug (Washington/Cancún) saß, setzte sich eine Mexikanerin neben mich, welche mir bei den spanischen Einreisedokumenten zur Hilfe kam. Während wir uns unterhielten und auf das Frauenthema Figur zu sprechen kamen, meinte sie in einem solchen breiten und lauten englisch: „WHO cares?" Wen interessiert es, welche Figur du am Strand hast. „Who cares?" In Mexiko gehen die Menschen mit den Kleidern ins Wasser. Eben who cares? So viele wunderbare Strände haben wir besucht und immer wieder hörte ich diese Mexikanerin in meinen Ohren „Who cares?" So erlaubte ich mir eines Tages, nur mit BH und Unterhose ins Meer zu hüpfen, weil ich mein Badeanzug im Hotel ließ. Niemand störte sich daran, niemand sah den Unterschied zwischen Badeanzug und schönem Dessous. Who cares? Ja, wie prima ist das denn, wenn ‚Frau' in den Urlaub fliegt und neue Denk- und Sichtweisen kennen lernt.

Apropos „Muffinjeans": Weißt du, was das für welche sind?

Ich gehe davon aus, dass die Muffinjeans alle kennen! Das ist, wenn oberhalb des Hosenbundes der Bauchteil etwas darüber quillt eben wie ein Muffin. Nun ja, ich kann nichts dafür, dass nachts die Kalorien ihr Unwesen treiben in meinem Kleiderschrank und die Hosen enger machen.

Was die Figur einer Frau anbelangt, sind wir mit uns Frauen sehr ERNST-haftig unterwegs und kritisieren sämtliche Pölsterchen und Fältchen. Wahrscheinlich sind wir Frauen diejenigen, die die Kritik erfunden haben. Nehmt es easy – und geht mit den mexikanischen Gedanken auf andere Frauen zu. Who cares?

Da stand ein Pfau einem Huhn gegenüber. Das Huhn fragt den Pfau: „Weißt du, was ‚Notenge' ist?" Der Pfau schaut das Huhn fragend und liebevoll an, verneint die Frage. „Schlimm sind die permanenten Vergleiche!" Wie hilfreich und liebevoll der menschliche Umgang ist, wenn die anhaftenden Vergleiche von heute auf Morgen untersagt wären!

Buona sega

Ja, schon richtig gelesen ;-)

Meine italienische Freundin Fiona hat eine Schwester, Angela. Diese beiden Frauen haben sich verliebt und buchten eine Kreuzfahrt auf dem Mittelmeer. Leider haben beide Gentlemen kalte Füße bekommen, eine Woche Schifffahrt erschien beiden zu eng und der Fluchtweg zu nass und kühl. Statt diese Kabine zu stornieren, fragte mich meine Freundin Fiona, ob ich mitkommen würde. Ja, warum nicht und sie führte mich mit einer mir fremden Frau aus Poschiavo zusammen, mit der ich eine Woche die eher enge Kabine teilen durfte. Ich verstand mich mit Maria auf Anhieb. Als sie mir von ihrem Leben erzählte, stellten wir einige Parallelen fest. Es war aufregend. Es wurde viel italienisch gesprochen oder übersetzt, da Angela kein Deutsch spricht und nur wenig versteht. Mein italienisch ist mittelmäßig. So versuchte mich Angela zu verunsichern, dass *Buona Sera Buona Sega* heißt. Nun, da alle drei über diesen Ausdruck lachten, fragte ich Maria in der Kabine, was dieses *Buona Sega* zu bedeuten habe. Sie klärte mich auf: *Hol dir gut einen runter/Orgasmus.* Ich ließ es im Raum stehen. Da Angela jedoch während dieser Schifffahrt Geburtstag feierte, beschlossen Maria und ich, ihr eine dementsprechende Geburtstagsüberraschung zukommen zu lassen. Am Abend zuvor stand ich mit Maria an dem Infoschalter und bestellte eine Geburtstagtorte mit der besonderen Aufschrift „Buona Sega". Der Mann hinter der Theke fragte uns, ob er unseren Wunsch richtig verstanden habe. Maria und ich, wir kugelten uns vor Lachen, denn wir sahen schon die Augen von Angela. Natürlich, wenn jemand auf dem Schiff Geburtstag feiert, wird mit einigen schönen Servierboys ein schönes Ritual mit Wunderkerzen und Gesang veranstaltet. Alle acht Servierboys trugen an diesem Abend ein besonderes Lächeln im Gesicht. Als der Zeitpunkt da war, die Geburtstagskinder zu überraschen, liefen sie in einer Kolonne durch den Saal, um die Beglückwünschende noch etwas zappeln zu lassen, denn Angelas Gesicht zeigte Freude. Obwohl der Geburtstagskuchen bestellt werden muss und nicht einfach so daherkommt, hoffte sie insgeheim, dass sie die Beschenkte ist. Nun endlich standen die Männer an unserem Frauentisch und wir begannen herzhaft zu lachen. Als Angela *Buona Sega* las, wurde sie knallrot und wusste beinahe nicht, wohin sie schauen sollte. Dies war so korrekt platziert und wird sie bestimmt niiiiie mehr vergessen.

ERNST trifft auf STERN

Aus denselben Buchstaben von ERNST gelingt es, auch ein STERN zu formulieren. Während dieser Erkenntnis von so nahe beieinanderliegenden Worten spüre ich einen Schauer über meinem Rücken.

Im Dezember 2009 erwachte ich an einem Sonntagmorgen und hörte die Kirchenglocken läuten, welche zu einem Rorate-Gottesdienst einluden. Eine starke Kraft drängte mich zum Aufstehen. Trotz Dunkelheit stand ich auf, ging zur Kirche und dort geschah etwas Unglaubliches.

Die Pastoralassistentin erzählte folgende Geschichte (geschrieben von Sonja Suhner):

„Coni der Sternenclown" *(Mein erster Gedanke war: muss das sein, dass heute Morgen die Hauptdarstellerin auch noch meinen Namen trägt? Ich bin hellwach.)*

„Coni ist ein Zirkuskind, das beobachtet, wie die meisten Menschen im Zirkuszelt lachen und staunen. Coni geht am anderen Tag ins Dorf und trifft dort auf einige Zirkusbesucher. Leider vermisst Coni die Freude und das Strahlen in den Gesichtern, welche sie am Abend zuvor entdeckt hatte. Bei keinem Menschen ist ein Funke des Vorabends zu erkennen. Enttäuscht macht sich Coni auf den Heimweg. Gedankenversunken steht Coni am Abend vor dem funkelnden Sternenhimmel. So wie diese Sterne sollten doch die Augen der Menschen leuchten. *(Ein Schauer rann mir über den Rücken, diese Geschichte ging mir unter die Haut. Meine Augen füllten sich mit Tränen. Zusammengekauert saß ich in der Kirchenbank. Die Hände versteckte ich in meiner Manteltasche. Tiefes Mitgefühl suchte mich heim und auch ein Staunen, warum wohl bewegte mich diese Geschichte derart?)*

Coni sagt sich: „Wenn ich doch nur allen einen solchen leuchtenden Stern schenken könnte, damit alle Menschen ihr Leuchten behalten können". Doch die Sterne scheinen weit entfernt zu sein. Da bietet ihr der Mond seine Hilfe an. Er kommt ihr entgegen und mit seiner Unterstützung kommt sie den Sternen immer näher. Dank der hilfsbereiten Mondsichel erreicht sie ihren ersten Stern. Lange sitzt sie mit ihrem kostbaren Stern in der Mondsichel und niemand weiß genau, was in dieser Zeit alles geschieht, was Coni berührt und was sie fühlt *(Ich fiel in ein Schluchzen. Dieses Gefühl war so unfassbar und überraschend.)*

Coni spürt auf einmal, was es heißt, Sterne zu verschenken. Sorgfältig gibt sie ihren Stern wieder dem Himmel zurück. Langsam und mit einem großen Schatz in ihrem Herzen kehrt Coni zur Erde zurück. Coni weiß jetzt, dass man Sterne nicht einfach verschenken kann, sondern dass „Sterne verschenken" vielmehr heißt, sich Zeit nehmen für andere und ihnen zuhören, Freude weiter-verschenken, z. B. mit einem Brief, einer Zeichnung oder einem selbstgepflückten Blumenstrauß. Und es heißt auch, miteinander lachen oder mitzufühlen, wenn andere traurig sind. *(Plötzlich stand ein verdeckter Wunsch klar vor meinen Augen – dank dieser Geschichte. Ein Geschenk wurde mir in Form dieser Geschichte überreicht. Und ich verstand, warum ich aufgewacht bin, nämlich damit ich im richtigen Moment am richtigen Ort sein konnte. Damit ich dieser Geschichte keine Zweifel anhaftete und es mich betraf, trug die Hauptdarstellerin bestimmt meinen Namen.)*

Coni will ihre Sterne in alle Dörfer der Welt hinaustragen – als kleiner Sternenclown. Wer weiß, vielleicht begegnet auch dir Coni bald einmal."

Ergriffen und in Schweigen gehüllt kehre ich nach Hause. Der erste Schritt zu einer wahrhaftigen Verwandlung von innen ist angesagt.

CLOWN – Philosophische Aufgabe

Im Clown steckt beides: Der ERNST, um seine oft komische Rolle optimal hinzukriegen, dass die Leute lachen, und das Spielfeld der Intuition, des unvorhergesehenen und blamierenden lustigen „Baias", der sich „Scheitern" erlaubt. Viel mehr als wir uns „normale" Menschen zugestehen. Als „STAR" oder „STERN" in seinem Element – hinter der kleinsten Maske der Welt, der roten Nase – entspannt sich die Menschenmenge. Schauen wir dem Clown zu, verändert sich in uns die innere Atmosphäre. Auf der Entdeckungsreise nach dem Komischen, Narrenhaften, Andersartigen und Besonderen begegnen wir unserem „normalen Selbst". Würden wir uns erlauben, diesen wundervollen Clown zu zeigen, wären wir 100 % von uns überrascht, was in uns steckt.

Der Clown und sein Spielplatz. Wann warst du das letzte Mal auf deinem Spielplatz zuhause? Kennst du deinen Spielplatz oder wo befindet sich dein Spielplatz? Ist nicht unser gesamtes Leben ein Spielplatz, wo alles erlaubt wäre? Wenn uns im Hinterkopf bloß nicht immer dieser vertraute Satz lauern würde: „Nimm di zäme ... suscht muess ich mi mit dir schäme" (Benimm dich, ansonsten muss ich mich mit dir schämen). Ja kein Aufsehen erregen. Ja nicht auffallen.

Meine Eltern stammen aus einer katholisch geprägten Gegend. Wöchentlich mussten wir Kinder zur Kirche. Normalerweise entdeckten wir in der Kirche fast immer eine Kleinigkeit oder etwas Komisches, das uns zum Lachen verführte. Wir mussten das Lachen unterdrücken. Es war mir nicht erlaubt und angebracht damals, in der Kirche zu Lachen, sonst hätten sich meine Eltern im kleinen Dorf, wo sich alle kennen, über ihre ungehobelte Tochter schämen müssen. Alleine beim Schreiben dieser Worte läuft es mir kalt den Rücken hinunter.

In der Masse nicht auffallen, galt die Devise. Was manchmal äußerlich nicht einfach war. Denn auf dunkelblauen, schon vorgängig getragenen Manchesterhosen, orange aufgenähten Stoffherzen am Po, und an den Hosenenden angenähte, zur Verlängerung dienende orange Stoffstreifen, waren automatisch ein Hingucker.

Das Leben ist nicht einfach, hörte ich schon früh die Erwachsenen reden. Und ich habe lange diesen Glaubenssatz für das einzig wahre erachtet. Es floss tröpfchenweise über Jahre in meinen Verstand. Eine fundierte ERNSThaftigkeit und gesellschaftliche Schwermut dem Leben gegenüber gehörte zu mir. Doch ich versuchte, in kleinsten Winkeln in meinem Leben dieser ERNSThaftigkeit zu entrinnen und spaßig zu sein. Vor allem half mir damals meine Jugendgruppe *die wilde Dreizehn* gewisse Etiketten abzulegen, meine Ideen und Inspirationen umzusetzen. Diese dreizehn Mädchen waren mit Eifer bei so manchem Spaß dabei. Wöchentlich tankte ich mich in diesem gemeinsamen Sein auf und füllte den Tank meines Selbstvertrauens.

Humor Standby-Modus?

In jedem von uns ist der Humor angeboren. Dem Humor die nötige Beachtung zu schenken, ist die Kehrseite des ERNSTes. Als ich die Ausbildung zur kunstorientierten Coachie genoss, stand auf einem Modul Theater und Tanz auf dem Programm. Ich freute mich riesig. Der Vorhang auf der Bühne öffnet sich für mich, damit ich ICH sein darf und volle Aufmerksamkeit erhalte. Mit meinem Sein andere mit meiner Fröhlichkeit anzustecken. Die Bühne ist ein Element, da vergesse ich ein Stück weit alle mir antrainierten Etiketten, welche mir eingetrichtert wurden. Meines Erachtens ist auf der Bühne mehr erlaubt als auf der Straße. So gab uns Studenten der Vater der EGS, den Auftrag, zwei Minuten mit einer roten Nase und einer selber ausgewählten Kopfbedeckung auf der Bühne zu stehen. Der Scheinwerfer nur auf diese Person gerichtet. Ohne etwas tun zu müssen, sondern einfach dazustehen und zwei Minuten mit der roten Pappnase auf der Bühne *sein*. Geschehen lassen, was kommt und sich im Vertrauen üben, so zu sein, wie man eben ist. Ein leichtes Kribbeln pulsierte in meinem Körper. Vielleicht deshalb, weil ich diese ART von Bühnenpräsenz seit Jahren nicht mehr genießen konnte. Und die Angst sich in den Vordergrund drängte, gut sein zu wollen, zu genügen, und schlussendlich geliebt zu werden. Und jetzt zwei Minuten dastehen – kann jemanden, der an heftigem Lampenfieber leidet, sehr lange vorkommen – ohne etwas Tun oder Sagen zu dürfen. Sich selber aushalten. Ich schaute und fühlte mich zum Gründungsvater sehr hingezogen und hatte ihn in meinem Visier. Es vergingen Bruchteile von Sekunden. Plötzlich gelang es ihm nicht mehr, sein herzhaftes Lachen zu unterdrücken. Ich lachte mit ihm um die Wette und dieses Spiel, sich im Gegenüber zu spüren, mit lobpreisender Fröhlichkeit, durchdrang meinen ganzen Körper. Tränen der Freude, Tränen des Seins, Tränen des Aufgestauten und Unterdrückten, Tränen des Losgelösten kugelten über meine Wangen und schlugen den Saas-Fee-Bergbächen Konkurrenz. Es war, als ob in mir ein Schalter umgelegt wurde. Ich stelle fest, hier während des Schreibens, dass dies der Grundstein meines weiteren Werdeganges war. Der Gründungsvater und viele andere halfen mir, die humorgeballte Seite neu zu entdecken und zu leben.

Verstehen Sie Spaß?

Wenn ich ein Anflug habe von Traurigkeit und das willentlich ändern will, amüsiere ich mich mit Videos von ‚*Verstehen Sie Spaß*'. Innert Kürze kann ich befreit Lachen – nur für mich und so fällt mir die Elefanten-Geschichte ein.

Ein Kamerateam steht vor einer Haustür, klingelt und teilt der Person mit (öffnet eine Frau, geht es um ihren Mann, ansonsten umgekehrt): „Ich freue mich, Ihnen mitteilen zu dürfen, dass Ihr Mann/Frau bei einem Preisausschreiben den Zweiten Platz gewonnen hat. Der erste Preis sei ein Elefant gewesen und der zweite ein Affe im Käfig. Die Reaktionen dazu waren einfach segenreich, amüsant und köstlich. Eine Frau war außer sich und sagte: „den kenne sie glei wieder mitnehme – mir brauche doch ken Affe!"

Clown Proband Nora

Bevor ich mich zur Ausbildung „kunstorientierter Coach" entschied, liebäugelte ich mit der Clownausbildung bei der Theodora-Stiftung. Die bildhafte Kunstgestaltung lauerte seit Kindheit in mir, deshalb entschloss ich mich für den Master-Studiengang bei der EGS. Um die Coachfunktion zu üben, suchte ich Probanden. Eine davon war Nora. Ihre Notenge, dargestellt aus dem Kontext ihres Anliegens, sah wie folgt aus: Ihr Chef verfügte über sie und Nora hatte keinen Mut, Nein zu sagen. Sie gehorchte den Befehlen einfach. Es schmerzte sie, innerlich gegen ihren Willen Dinge zu verrichten. Im Anschluss an das Einleitungsgespräch bat ich sie, im Atelier ihren Bewegungsradius auf dem Boden mit Klebband abzukleben. Sie wählte eine Ecke und stellte sich in diesen Radius hinein, mit dem Rücken zur

Wand. Ich gab ihr eine rote Nase als Verkleidung, welche sie sich aufsetzte. Während dieses Werkprozesses wandelte sich ihre innere Atmosphäre. (Ich gehe nicht weiter in das Coaching-Setting ein, doch durch diesen spielerischen, theatralischen, improvisierten Werkprozess verlor ihr Anliegen an Schwerkraft und eine Verwandlung konnte in Gang gesetzt werden.) Nora gelang es in der nahen Zukunft, ihrem Chef – dem sie vor ihrem inneren Auge eine rote Nase aufsetzte – endlich zu sagen, was sie schon immer sagen wollte. Zudem gelang es ihr zu kündigen und sie bekam einen neuen Job an einem Ort, in dem sie die Nora-Stärken optimal kunstvoll einsetzen kann und darf.

Dieselbe Nora habe ich zu meinem 50. Geburtstag eingeladen. Ein Bühnenhappening wünschte ich mir, indem ich meine Gäste um eine kleine Darbietung bat. Sei dies eine Geschichte erzählen, welche uns verbindet, ein Theater, ein Lied singen, Tanzen, Instrument spielen etc. Es wurde zu einem meiner schönsten Geburtstage! Nora kam mit einem sehr alten Koffer und einer roten Pappnase im Gesicht auf die Bühne. Sie bat mich stumm, nur mit Handzeichen, auf die Bühne.

Ich stand mit ihr mitten im Geschehen. Der Koffer ging auf und sie zog eine kleine Packung *Merci-Schokolade* aus dem Koffer. Ich winkte ab und sie legte die Schachtel zurück in den Koffer. Eine noch viel größere *Merci-Schokolade* Packung zauberte sie mir entgegen. Doch auch daraus wurde nix, denn diese verschenkte sie an meine Mutter. Ich stand da und zeigte auf meine weiblichen Kurven, die keine Schokolade benötigen. Der Koffer wurde erneut geöffnet und ein sehr großes, rotes Herz aus Stoff strahlte mir entgegen. Kalorienarm, dankbar und tief berührt nahm ich dieses Herz entgegen.

Danke Nora für Dein Sein und Deine Liebe.

Nicht immer muss es Laut und lachend zu- und hergehen. Die leise, sanft erhaltene Liebe in einer derARTigen Form, zaubert automatisch den Menschen ein Lächeln ins Gesicht und die innere Stimmung schwingt bis zu den Wolken am Himmel und zurück.

Nerv der Zeit getroffen

Im Jahre 2012 beendete ich mein 3-jähriges Studium an der European Graduated School in Saas-Fee mit einem Titel *Master of Expressiv ART*. Während dieser Ausbildung begegnete ich mir selber in vielerlei ausdrucksvollen Kunstformen wie Malen, Singen, Musizieren, Theater, Bewegung/Tanz, Poesie, Naturwerken und vielem mehr auf wohltuende und wohlwollende ART. Ich durfte und lernte voll und ganz, ICH zu sein.

In der Zeit davor drehte sich alles um die Rolle der Mutter, Ehefrau, Teambegleiterin, Motivatorin und vieles mehr. Zuerst kamen viele andere Menschen vor mir. Das Anpassen in der Familie, als Partnerin, Mutter, Tochter, Schwiegertochter, ließ ich geschehen. In meinem Innern wich die Freude und eine Schwermut schlich sich durch die Hinterstube in meine innere Atmosphäre. Selten fühlte ich mich in meinem Sein angenommen. Dank diesem persönlichen Prozess während dieser Ausbildung erwachte mein inneres spielfreudiges Sonnenkind, und meine begeisternde WesensART erhellte mein Umfeld. Professor Paolo Knill, der mich während des Einführungsseminars in einer Sitzung coachte, brachte es fertig, in mir sämtliche Tore der Kreativität und des Ausdrucks aufzustoßen. In dieser Atmosphäre und an diesem Ort war es mir erlaubt, zu mir zu stehen. Mit meinen Flöhen zu tanzen, meine Kreativität auszuleben, die Bühne des Lebenstheaters zu gestalten, wie sie mir gefällt und meiner Stimme im Gesang Kraft zu verleihen. Es fühlte sich an, als ob ich neu geboren wurde. Ich blühte wie eine Blume auf, die in der Wüste plötzlich Wasser empfing. Die Erwartungen von außen eroberten nicht mehr mein Sein, sondern ich konnte meine Bedürfnisse mit jedem Tag besser und besser formulieren und lernen, zu mir JA zu sagen. Wie oft habe ich für mein Umfeld Dinge verrichtet, um zu Gefallen und zu oft auf Äußere, aus dem Herzen kommende Wertschätzung gehofft! Meine Masterthesis lag auf der Hand – *Wertschätzung*. In den Spuren der Vergangenheit erkannte ich die Sternschnuppen meines Seins. Eine tiefe Dankbarkeit ist neu geboren, meinem Gegenüber, das mir von seiner inneren Atmosphäre erzählt. Es öffnen sich Räume des liebevollen Miteinander. Während eines kreativen Workshops oder heute auch während einer Hypnosesitzung wirkt das Unsichtbare, egal ob wir es sehen oder erkennen. Es IST. In der Gegenwart werden die Verbindungsfäden gefestigt, um so sich als Teil des Ganzen zu fühlen.

Dank dieser Ausbildung eroberte ich auf allen Sinnesebenen mein fehlendes *Lebenselixir* zurück. Der ausgedorrte Liebestank füllte sich neu. Meine angeborene Begeisterungskraft kehrte zurück und ich fühlte innerlich eine tiefe Zuneigung zu mir selbst und steckte die meisten in meinem Umfeld damit an. Die Freude, das Strahlen, mein Lachen erhellte wieder und fand *DaseinsBerechtigung*.

Kurz nach dem Master-Abschluss saß ich bei meiner Cousine am Tisch, und sie fragte mich, was ich mit dieser besonderen und nicht oft gehörten Ausbildung nun vorhabe. Ich antwortete intuitiv: „Ich kann mir vorstellen, Humorvorträge anzubieten und durchzuführen, um eine Fröhlichkeit den Menschen ins Gesicht zu zaubern. Symbiotisch einen Lachregen kreieren, um gestärkt und verwandelt in den Alltag zurückzukehren". Meine Cousine war in einer Frauengruppe tätig, die sich einmal im Monat trifft und meinte, dass sich ein Abend bei ihnen bestimmt durchführen ließe. Innert Kürze war der Termin gesetzt und ich stellte ein Abendprogramm für ca. 12–15 Frauen zusammen. Oft kommt es anders als Frau denkt. Über 30 Interessierte füllten den kleinen gebuchten Saal und jeder Stuhl war besetzt. Ich war aufgefordert, das geplante Programm der Menge entsprechend anzupassen, spontan zu sein, intuitiv zu handeln und ein Lachen jedem Teilnehmenden ins Gesicht zu zaubern. Ich erlaubte uns, die begrenzten Komfortzonen zu durchbrechen, mit Mut Dinge zu tun, die wir bis zu jenem Abend noch nie gemacht haben. Und genau das war schlussendlich ein Teil des Erfolgsrezeptes, warum ich für weitere Veranstaltungen angefragt wurde. Das Lachen wurde zu neuem Leben erweckt und die manchmal verschlafenen Lachmuskeln angekurbelt.

Es wurde mir mit jedem weiteren Humorvortrag „ERNST" mit dem Humor – und daraus entstand mein Buchtitel. Den lieben Alltag, der länger anhält als die Ferien oder die Geburtstagsfeier, ent-ERNST-en. Zahlreiche Momente im Alltag huschen vorbei, ohne dass wir dem Gegenüber ein Lächeln zukommen lassen.

Seit Jahren trage ich in meiner Tasche oder manchmal auch in einem Beutel eine rote Pappnase und weiß, dass ich sie jederzeit bei schwierigen Gesprächen, Ärger, Wut oder Angst aufsetzen kann. Es reicht manchmal nur schon der Gedanke an die rote Nase – ohne sie in Wirklichkeit aufzusetzen – und die ernste Seite des Lebens weicht mit einem Flügelschlag von Leichtigkeit in eine humorvolle neue Sichtweise.

So habe ich schon ungeplant die rote Nase angezogen und für Überraschungseffekte bei Menschen gesorgt oder zumindest die Bereitschaft wach gekitzelt, eine Verwandlung herbeizuführen.

Eines Tages stand ich mit einer Kollegin im Stau und es ging fast gar nicht mehr vorwärts. Das Warten dehnte sich aus. Ich schaute sie an. Ich blond – sie blond. Zwei Frauen in einem schwarzen BMW-Cabriolet – und die Idee ist geboren.

Wir stülpten beide eine rote Nase über und lachten beim gegenseitigen Betrachten gehörig. So geschah etwas, das wir uns bis heute nicht erklären konnten. Lücken im Stau öffneten sich. Autofahrer winkten uns mit manchmal heftigem Winken zu, dass wir fahren sollen, und im Nu konnten wir den Stau hinter uns lassen.

Die hohe Kunst ist nicht nur, sich die Pappnase aufzusetzen, sondern die damit einhergehende Haltung.

Tirolercake mit Schwerkraft

Mit 17 Jahren entdeckte ich an einer Annoncenwandtafel in unserer Handelsschule ein kleines Inserat. Eine Familie suchte eine Babysitterin, damit die Mutter Englischkurse besuchen kann.

Ich meldete mich umgehend und bekam die Chance, mich vorzustellen. Die beiden Mädchen im Alter von zwei und vier Jahren leuchteten mit ihren aufgeweckten Augen auf mein Erscheinen hin.

Wir setzten uns auf das Sofa in der Stube und begannen, uns gegenseitig zu beschnuppern. Während des Gespräches erlaubte ich mir, ein gekauftes Stück Tirolercake zu genehmigen. Doch oh weh! Es sah überall so ordentlich und sauber aus, als mir dieses verflixte Stück Kuchen (grundsätzlich leicht und bekömmlich) jedoch wegen der Schwerkraft auf den fransigen Teppich fiel. In dem Moment dachte ich: Bingo – mein Job, den ich unbedingt haben möchte, um mein Taschengeld aufzubessern, fällt in Gedanken tiefer auf den Boden, als mir lieb ist. So ein Mist!

Weit gefehlt! Genau dieses unfehlbare, echte Sein, war der Schlüssel zum JA. Denn die Angespanntheit fiel mit diesem Kuchenstück ebenfalls zu Boden. Daraus hat sich über fast vierzig Jahre eine wunderbare Freundschaft entwickelt, zwischen beiden Töchtern und Eltern.

Die jüngere Tochter – heute eine meiner innigsten Freundinnen – schrieb mir erst vor wenigen Monaten folgende Liebeserklärung. DANKE von Herzen.

„Uns gibt es nun schon seit 39 Jahren … in dieser Zeit warst du Babysitterin, Heldin, Verbündete, Vorbild, Mutter, Motivatorin, Coach, Herzdoktor, Rückhalt, Seelenverwandte, Schwester, Guidin, Anstifterin, Herzöffnerin, Begleiterin, Zuhörerin, Mitfühlerin, Vertrauensperson, Hexenschwester, Experimentiererin, Denkanstosserin, Kreativitätsinspiratorin, Humorfreundin … einfach Soul-Sister!

Danke, dass du mir die Hand gibst, wenn ich das Gefühl habe, die Welt rings um mich geht unter. Wenn ich das Gefühl habe, ich sauge am letzten Strohhalm, dann kommst du, streckst mir eine Blume ins Haar und schenkst mir einen Strauß voller Strohhalme.

Chüngelbuur Gspräch
(Gespräch unter Kaninchenbauern)

Mein Mann hat eine Kaninchenzucht, wie jahrelang mein Vater ebenso. Klar wollte ich niemals einen Kaninchenbauer wie meinen Vater als Ehemann. Erst Jahre später verstand ich, dass meine Energie durch meine Gedanken der Aufmerksamkeit folgte und genau meine Wünsche hervorbrachte: (k)einen Kaninchenbauer, (k)einen Gerhard und (k)einen Opel-Mantafahrer. Was solls! Ich bin mit ihm schon mehr als mein halbes Leben verheiratet und wertschätze ihn, so wie er ist.

Wenn zwei Kaninchenbauern miteinander fachsimpeln, tönt es etwa so.

Vater: „Hesch scho deckt"? *(Kaninchen springen lassen.)*

Mein Mann: „Probiert hani's – s'isch dr einte Zippe aber z'chalt und si hebt eifach nid ahne!" (Ich habe es probiert – doch der einen Zippe scheint es zu kalt zu sein und weigert sich!)

Vater: „Numme nid ufhöre, muesch halt immer wieder probiere und uf de Mond luege!" (Nur nicht aufhören. Eben immer wieder probieren und schau auch auf den Mond!)

Mein Mann: „Zwei Zippe hani wo scho übertreit händ – e sau Näscht gmacht und e riesegroße Ranze händs – aber kei Spur vo de Junge!" (Zwei weibliche Kaninchen habe ich schon, die trächtig sind und ein großes Nest gemacht haben und große Bäuche haben, jedoch keine Spur von Jungmannschaft!)

Vater: „Das hani au scho kha – muesch halt grad nonnemol decke – viellicht löst das den d' Wehe us!" (Das habe ich auch schon gehabt – musst einfach nochmals decken – löst dadurch dann eventuell die Wehen aus!)

Mein Mann: „Ja hesch du scho Jungi?" (Ja hast du schon Junge?)

Vater: „Jäh, jäh – zwei Würf, alli glich groß. Die chline händ schöni Ränze – well die Alti grandiosi Bübbi het!" (Ja, Ja zwei Würfe, alle gleich groß. Die kleinen haben schöne Bäuche, weil die Alten grandiose Brüste haben!)

Mein Mann: „Wieviel hesch ne gloh?" (Wieviele hast du ihr gelassen?)

Vater: „Die einti het drei kha und die anderi acht, so hani dere zwei unterleit!" (die eine hatte drei gehabt und die andere acht, so habe ich dieser zwei dazugelegt!)

„Nimmsch e Bier?" (Nimmst du ein Bier?)

Bitte zweihundert Kamele

Boris ist mit drei jüngeren Schwestern aufgewachsen. Als die Zeit des heiratsfähigen Alters dieser drei Schwestern im Gange war, teilte Boris allen Bewerbern freundlich mit, dass eine Schwester zweihundert Kamele kosten würden. An einer Hochzeit unterließ es der neue Schwager Martin nicht, Boris aus verschiedenen Zigarettenpackungen und sonstigen Kamel-Bildern eine Collage zusammen zu schustern, welche auf zwei Bildern durchgezählt angeschrieben waren. Zweihundert papierige Kamele erhielt Boris für seine Schwester Camila. Eines Tages wurde die Hochzeit angesagt von Boris und seiner Eleonore. JETZT galt es sich gehörig, dem Kameleintreiber einen Streich zu spielen. Das Lied von Mani Matter (Dr sidi Abdel Assar) haben zwei Schwestern auf ihren Bruder angepasst und mit Gitarre und Gesang einstudiert.

„Dr Sidi Abdel Boris vo el Hama
Het mal am Morge frühe no im Pyjama
Ir Strass vor der Moschee
Zwöi schöni Auge gseh
Das isch dr Ahfang worde vo sym Drama
Sisch d'Tochter gsy vom Mohamed Josefa
Dr Abdel Boris het nümm chönne schlafa
Bis är bim Mohamed
Um d'Hand aghalte het
Und gseit i biete hundertfüfzig Schaf a.
Dr Mohamed het gantwortet: bi Allah
Es freut mi das my Tochter dir het gfalla
Doch wärt isch si, mi Seel
Zweuhunderzwänzg Kamel
Und drunder chan i dir se uf ke Fall la.
Da het der Abdel Boris gseit:o Seppi
Uf so ne tüüre Handel gang i nid y
Isch furt, het gly druf scho e billigeri gno
Wo ned so schön isch gsy derfür e Gschydi.
Doch wenn es Nacht wird über der Sahara
Luegt är der Mond am Hemmel hell und klar a
Und trurret hie und da
De schöne Auge na
Und tänkt: hätt i doch früecher afa spara."

Boris lächelte und wusste, dass mit diesem Lied dieser Streich noch nicht zu Ende war. Da stand ein menschengroßes Kamel (aus einer Theaterbekleidungs-Institution extra gemietet!!), in dem die kleinste Schwester und ein Schwager verkleidet waren. Die beiden Abdel Martin und Abdel Walter luden auf „arabisch" Boris jetzt ein, mit ihnen ein arabisches Fondue zu essen.
(Was jetzt folgt; bitte ich die Leserschaft keiner Nachahmung und ich übernehme keinerlei Haftung bei eventuellen Schäden)
Boris und die beiden Abdels setzten sich auf den Boden und

streckten Boris eine Fonduegabel hin. Abdel Walter entfacht den kleinen Gasbrenner auf der vorbereiteten Platte. Scheich Walter nahm einen ca. 3 cm großen Wattebäuschel, steckt ihn an die Gabel, hielt ihn anschließend über das Feuer und steckte diesen brennend in seinen Mund. Er bedankte sich mit der entsprechenden Bewegungszeremonie auf arabisch bei Allah für diesen wunderbaren Akt der Verbrüderlichung. Abdel Martin tat es ihm gleich. Boris bekam Schweißperlen im Gesicht. Oh, nein! Er lachte aus Verlegenheit, denn vor der großen Hochzeitsgesellschaft wollte er sich keine Blöße geben. Er steckte seinen Wattebäuschel an die Gabel und ließ das Feuer durch die luftige Watte gleiten. Aus Angst, eine Verbrennung davonzutragen, war er nicht im Stande, dieses Teil in seinen Mund zu nehmen. Abdel Walter entfernte den Wattebäuschel von Boris' Gabel, nachdem er zu lange gewartet hat, das entfachte Wattebäuschel in den Mund zu stecken. Dabei fiel der brennende Wattebäuschel auf die anderen vorbereiteten Wattebäuschel und entflammten sie. Nach dem Löschzug zückte Abdel Martin triumphierend ein weiteres großes Wattebäuschel aus seiner Verkleidung – und die Zeremonie konnte weitergeführt werden. Eleonore schaute diesem Spektakel mit großer Skepsis zu und hatte mit ihrem Abdel Boris erbarmen. Abdel Boris bat um ein Glas Wasser und die beiden Abdel Martin und Walter wiederholten ihr Schauspiel mit Freude. Abdel Boris war jetzt zum zweiten Mal an der Reihe und wollte niemanden enttäuschen. Am wenigsten sich selbst – als Versager dazustehen. Er entfachte an der Gabel sein Wattebäuschel und steckte es sofort brennend ins Glas. Mit der Gabel fischte er es hinaus und steckte es abgelöscht in seinen Mund und schluckte das Teil. Er und wir, alle Abdels und die gesamte Hochzeitsgesellschaft inklusive Eleonore lachten schallend wie schon lange nicht mehr.

Zur Auflösung der arabischen Bewegungen von Abdel Martin und Walter galt: Unmittelbar nach dem Entfachen dieser Watte bekommt sie im sofort geschlossenen Mund keinen

Sauerstoff mehr, sodass die Watte erlosch und direkt in ihren Schoss ausgespuckt wurde (deshalb die Beugung nach vorne). Und Abdel Boris bemerkte nichts davon.

Diese Geschichte mit den zweihundert Kamelen war von diesem Tag an vom Tisch!

Halunken und Habaschen

Ein Bekannter feiert seinen 40. Geburtstag. Auf der eingetroffenen Einladung steht, dass er sich auf diese Festlichkeiten sehr freue; ohne irgendwelche *Halunken und Habaschen*. Das nenne ich eine klare Ansage. Einige Verwandte waren somit der Meinung, dem unbedingt Beachtung zu schenken und engagierten sich für ein entsprechendes Schutzkonzept (damals ohne Masken). Sie organisierten bei der Dorffeuerwehr Warn-Leuchtstäbe sowie Leuchtwesten. Eine andere Person fragte nach einer ausführlichen Gästeliste, damit die Kontrolle gesichert war. Die Verwandten formten rechtzeitig, bevor alle Gäste vor Ort waren, eine Schleuse mit Bändern. Eine Zutrittsbewilligung erfolgte nur mit Pass oder Identitätskarte. Ja, so isses, egal welcher Hierarchiestufe Mann/Frau angehörte! Logisch war die aufkommende Gästeschar erschreckt über diese Maßnahme. Noch nie erlebten die geladenen Gäste zu einem Geburtstagsfest eine derARTige Kontrolle. Doch es war den Verwandten „ERNST", dass der Hauptgast an seinem 40. Geburtstag von *Habaschen und Hallunken* geschützt wurde, ansonsten er diese Auflistung ja nicht auf seiner Einladung erwähnt hätte. Als erster Gast kam die wichtigste Person des Abends und entdeckte mit Schrecken die *Bekannten Verwandten/Verdammten* mit den Leuchtwesten und es wurde ihm gleich anders zumute. Natürlich konnte er mit einer solchen Überraschung nicht rechnen. Die Eingangskontrolle war seriös und sämtliche Gäste wurden höflich gebeten, ihre Identitätskarte oder ihren Pass vorzuweisen. Auch als der Chef vom Gast daherkam und den Kontrolleuren zulächelte und meinte, seine Papiere seien im Auto, schickten ihn die verkleideten Sicherheitsleute zurück und verwehrten ihm den Zutritt. Kein Lächeln und Intervenieren des Gastgebers halfen, denn Ordnung muss sein. Natürlich wies das Sicherheitspersonal alle Gäste auf die besonderen schriftlichen Worte in der Einladung hin. Einige der Gäste trugen es mit Humor, andere schüttelten den Kopf. Ich bin überzeugt, dass dieser Gastgeber bei einer weiteren eventuellen Einladung diese beiden Ausdrücke *Habaschen und Halunken* nicht mehr benutzen wird!

Familie ist wie ein Geäst; wir mögen in unterschiedliche Richtungen wachsen, aber die Wurzeln bleiben dieselben.

Schrottweihnachten

Warum nicht? Im Jahr 2016 feierten wir erstmals das Weihnachtsfest ohne unsere geliebte Mutter und Grosi. Wir entschieden, Weihnachten etwas anders zu feiern. Diesmal war nicht das Wichteln angesagt, sondern eine Schrottweihnacht. Alle Enkel, Enkelinnen, Schwager und Schwägerinnen mit Bruder und Schwestern wurden gebeten, in Zeitungspapier einen Gegenstand einzuwickeln, der nicht mehr gebraucht oder bis zum heutigen Tag noch nicht angerührt wurde und keine Freude zur Benutzung besteht. Der Geschenkberg war groß. Das heißt, jeder Gast brachte ein Geschenk.

Aus dem Geschenkeberg durfte sich der Jüngste ein Geschenk aussuchen, auspacken und jemand neues bestimmen. So nahm das Geschenkeauspacken in der öffentlichen Runde seine Zeit in

Anspruch, denn alle wollten sehen, was da drin war. Zum Teil waren Geschenke darunter, welche Mann oder Frau lieber gehabt hätte. Das größte Geschenk wollte niemand. Es war nicht ganz eingepackt und diesen nostalgischen Puppen-Dekowagen packte prompt am Schluss meine Schwägerin aus, die ihn auch mitgebracht hat. Doch das war noch nicht das Ende. Es durfte jetzt 10 Minuten der Reihe nach, bis die Uhr das Stoppzeichen klingelte, heiter von einer Hand zur anderen Hand getauscht werden. Wollte jemand das Geschenk behalten, musste er nicht tauschen, doch es durfte ihm weggenommen werden, um so das Geschenk wieder zurückzuerobern. Eine enorme Hektik war im Raum spürbar, denn den Puppenwagen wollte niemand. Die Zeit wurde knapp und mein Mann erhielt diesen Puppenwagen kurz vor Ablauf der Zeit. Er schüttelte nur seine Schultern und sandte mir einen Blick zu. Ich geriet in Aufregung und sagte – „Gib ihn weiter; Gib ihn weg!" Doch er stand in der Mitte und war nicht fähig, jemandem ein erobertes Geschenk aus der Hand zu nehmen.

Deshalb stand dieser Puppenwagen gut 1–2 Jahre bei uns zuhause herum, bis ich ihn eines Morgens in eine Secondhand Boutique brachte. Der türkische Mann hinter der Theke strahlte mich an und bedankte sich freundlich. Und wir sind ihn endlich los und jemand anders darf sich darüber freuen.

Romeo und Julia

Romeo landete sehr traurig in der Schweiz. Julia holte ihn ab und verstand die Tränen keineswegs. Julia feierte am Tag darauf ihren Geburtstag, doch Romeos Traurigkeit durchmischte sich mit Wut über sich selber. Trostworte konnten Romeo beinahe keine erreichen und der Grund seiner Traurigkeit konnte nicht genannt werden. Das heißt, in der darauffolgenden Nacht, um Mitternacht genau, hat Romeo den kleinen Garten der Wohngemeinschaft in ein Lichtermeer verwandelt und hielt um die Hand von Julia an. Da Romeo aus seinem Herkunftsland einen speziellen Verlobungsring anfertigen ließ, musste er sich für diesen besonderen Moment etwas Kreatives einfallen lassen. Denn auf seiner Hinreise besuchte Romeo noch seinen Bruder in Kanada. Romeo freute sich riesig auf die Schweiz, um dort um die Hand seiner Geliebten zu bitten. Romeo nahm kurz vor der Abreise den Ring aus der Box und wickelte diesen in ein Papiertaschentuch. Er deponierte dieses Papierbriefchen in seiner Hemdtasche, welche sich an seiner Brust befand. Beim Zollübertritt und dem mehrmaligen Pass zücken, welcher sich ebenfalls in seiner Hemdtasche befand, erreichte der Ring in dem eingewickelten Papier das Flugzeug nicht.

Auf der Reise von Kanada in die Schweiz hat Romeo dies bemerkt und die Traurigkeit nahm seinen Lauf.

Romeo, der kreative Held, kreierte für seine Julia mit akribischer Feinmotorik einen neuen Ring aus Löwenzahnstängel. Not macht erfinderisch, so auch bei Romeo. Endlich konnte nach Stunden und nach dieser Zeremonie die Traurigkeit erklärt werden. Das geteilte Leid in humorvolles, empathisches Zusprechen von Julia half Romeo. Pleiten, Pech und Pannen geschehen unangemeldet. Sind einfach plötzlich da.

Das Geheimnis eines Geschenks

Die Hochzeitsvorbereitungen unserer Tochter sind im Gange. Obwohl der Hochzeits-Termin längere Zeit nicht steht, habe ich sofort nach Erhalt des Datums mit der Schwester unseres zukünftigen Schwiegersohnes Kontakt aufgenommen. Mit ihrer Hilfe buchten wir die Flüge für die Eltern von Bogota nach Basel. Dieser Akt der Familienzusammenführung war meinerseits an eine Bedingung geknüpft. Es muss eine absolute Überraschung und ein absolutes Geheimnis bleiben – bis zum Schluss. NIEMAND darf unserer Tochter und ihrem zukünftigen Ehemann etwas preisgeben und verraten.

Es war grandios! Am Samstag (zwei Tage vor der Hochzeit) teilten wir unserer Tochter mit, dass Paps und ich am Abend bei Freunden schon über längere Zeit eingeladen sind. Sie und ihr Mann kamen mit Freunden, welche von England anreisten, zum Abendessen. Unser Sohn mit seiner Freundin – beide Mitverbündete und Eingeweihte – bereiteten das Abendessen vor. Alle waren eingeweiht, was zu tun war. Wir fuhren erstmals auf den Flughafen und holten ein Tag früher als das Brautpaar wusste die hochschwangere Schwester vom zukünftigen Ehemann ab, welche von London einreisten. Wir gingen mit ihnen in der Stadt Abendessen. Unser Sohn verlangsamte das Nachtessen extra. So war es seiner Schwester nicht möglich, mit den Freunden danach noch an die Basler Herbstmesse zu gehen. Die Verzögerungstaktik konnte sie nicht nachvollziehen, doch wollte sie bei ihrem Bruderherz keinen Stress erzeugen. Um 22.30 Uhr trafen wir mit einem Auto voll Gästen zuhause ein. Im Atelier versteckten wir die Eltern sowie die Schwester mit ihrem Mann.

Ich war ziemlich nervös kurz vor der Geschenkübergabe. Im Wintergarten überraschte ich das zukünftige Brautpaar mit der Botschaft: „Ihr müsst sofort mitkommen! Das Geschenk zur Hochzeit kann ich nicht bis zum Hochzeitstag verstecken, weil es sonst verdorben ist". Ui, beide schauten sich an, und die Frage, was das zu bedeuten hat, wusste keiner. Jeder dachte von den beiden, dass der andere eine leise Ahnung hat.

Natürlich war die Überraschung absolut geglückt und ich war so happy, diese beiden „JA-Sager" glücklich zu sehen. Es war Hühnerhautfeeling pur. Alles hat geklappt und das Geheimnis-Geschenk der Familienzusammenführung ein lebendiges Hochzeitsgeschenk.

Betonstraße bewässern

Debora und Monika sitzen nach einem Weiterbildungsseminar in Stockholm in einem Restaurant. Auf diese gelungene und lehrreiche Woche prosten beide mit einem „Cüpli" an und zum Essen folgte eine Tasse Tee. Das Hotel unweit vom Restaurant. Debora und Monika spazieren zum Hotel und mussten eine sechsspurige Autostraße überqueren. Beide Frauen sind voll gut drauf, lustig unterwegs. Bis auf dem ersten Fußgängerstreifen Debora zu Monika sagt: „Mist, ich hätte noch zur Toilette gehen sollen". Beide stehen auf der Fußgänger-Insel in der Mitte der beiden Autostraßen. Die Autos rasen an ihnen vorbei. OH weh! Das könnte in die Hosen gehen. Monika geriet in einen Lachanfall. Debora befiehlt Monika, mit Lachen aufzuhören. Das geht bei Monika gar nicht und sie empfiehlt Debora, ein Bein hochzunehmen und wie das ein Storch eben tut, um dem Wasserlassen keine Chance einzuräumen. Monika demonstriert die mögliche „Yogaübung" inmitten dieser Straßen. OH weh – Monika war in jeglicher Hinsicht nicht mehr zu bremsen. Es gelang ihr nicht, aufzuhören zu lachen. Deborah bietet dem Lachen ebenso gehörigen Raum. Debora bleibt wie angewurzelt stehen, macht keine empfohlene Storchübung. Monika erkennt, wie die Jeanshose von Debora sich von der Mitte hinunter in eine dunkelblaue Farbe verfärbt. Es ist geschehen und im Kopf von Monika steckt der Gedanke: Wenn Deborah darf, darf ich auch!

Begeistert lachten beide unverfroren weiter und gingen wie Betrunkene – wohl verstanden beinahe leer gewässert – durch die Hotellobby direkt zum Lift. Mit ihrem unaufhörlichen Lachen gelingt es ihnen gekonnt, den Blick der Leute abzulenken. So, dass niemand auf die Idee kam, an ihnen hinunterzuschauen. Im Lift drückt Monika hastig die Etage Nummer 8 und die Türschließung setzt ein. „So, gerettet", denken beide. Doch der Lift hält im 2. Stock und ein Herr tritt in den Lift hinein. Oh nein. Schon beim ersten Blickkontakt war das Lachen wieder da und der Herr scheint mit so viel lachender Weiblichkeit überfordert. Er wendet sich aus Not der geschlossenen Tür zu, mit der Hoffnung, endlich diesen Raum wieder verlassen zu dürfen. Der „Fauxpas" oder die Panne soll ja nicht auffliegen. Wie froh sind die beiden, endlich in ihrem Hotelzimmer eingetroffen zu sein, und die Spuren der Entwässerung zu beseitigen.

Furzbefreiung

Elke erzählt, beim Uno spielen beförderte sie leise ein kleines „Fürzli" in die Freiheit. So dachte sie, hört es niemand. Doch der kleine Stinker stank bestialisch. So meinte ihr Schwiegervater, während dem er in seine Karte schaute: „Entweder ist hier jemand direkt am Verwesen, oder jemand hat die Kühlschranktür offengelassen". Die liebe Elke wurde ertappt und konnte sich in ein herzhaftes Lachen begeben. Dadurch wird jede „heikle" Situation mit der wohltuendsten Waffe entschärft.

Tja, von diesem menschlichen Verdauungs-Ausscheidungs-Problem können x-Geschichten erzählt werden. Welchen Duft hast du aus der Notenge befreit und dafür liebenswerte Blicke und Stimmen erhalten?

Die Falle mit der Türfalle

Während einem Eigenzeit-Seminar konnte Erika bei uns im Gästezimmer übernachten. Morgens um 7 Uhr ertönt unser Haustelefon. Oben direkt vor den Schlafzimmern und im mittleren Stock steht eine Telefonstation, die eher skurril ertönt – so früh am Morgen.

Ich sprang an das Telefon, denn es könnte ja einer Teilnehmerin auf dem Weg etwas zugestoßen sein. Der Blitzgedanke bestätigte sich. Am Telefon war Erika. „Heh, was machst du für Witze, was ist denn mit dir in aller Welt passiert, dass du mich aus unserem Haus auf das Haustelefon anrufst?", fragte ich sie erstaunt. Erika meint lachend, dass sie nicht mehr aus dem Gästezimmer komme, weil die Türklinke sich vom Schloss gelöst hat und sie nun diese in der Hand halte. Oh, mein heiliger Strohsack, so was. Erika hatte Glück im Unglück, dass sie ihr Handy auf dem Zimmer hatte. Ihr Lachen und ihr Humor halfen ebenfalls, dem Unglück keine große Wertung beizumessen.

Ich empfinde Humor, wie wenn ich einen Menschen auf meine Arme nehme, ihn hin und her wiege. Darin bist du geborgen – ich liebe dich – ich steh zu dir.

Serviette unter, statt auf dem Arm

Mein Mann feierte sein 15-jähriges Firmenjubiläum. Mit seinem Chef und seiner Frau durften wir für ein paar Tage nach Holland fliegen. In Noordwijk angekommen, genießen wir bei einem Glas Champagner in dem 4-Sterne-Restaurant ein leckeres Nachtessen. Als der Chef die Flasche Champagner bestellt, wies ihn der Kellner darauf hin, wie teuer diese Flasche sei. Er sage das lieber, weil es schon vorkam, dass die Gäste danach nicht bezahlen wollten. Zum ersten Mal war der Chef etwas brüskiert. Wir bestellen das Nachtessen – alle vier dasselbe. Der Chef bekommt das Essen als erster und fragt die Serviertochter, ob sie noch eine Serviette habe. Während der Sommerzeit durfte diese Servierdame ein ärmelloses Oberteil tragen. Als sie die nächsten zwei Teller zu uns brachte, hatte sie unter ihrem nackten Oberarm doch tatsächlich fast bis unter die Achselhöhle **eine** Stoffserviette eingeklemmt und reichte diese dem Chef. Nun ging es los. Ich musste so sehr lachen und wusste beinahe nicht, wohin schauen, denn der Chef war außer sich und fragte die Serviertochter, nach der Übergabe seiner Serviette: „Eine Serviette für vier Personen?"

Ich wusste fasst nicht, wo ich hinschauen soll, um nicht den verärgerten Blick vom Chef oder die strapazierten Lachmuskeln seiner Frau anzuschauen. Ambiente, Sterne, Essen erschien uns allen wunderbar, bis auf die Menschen, die den hohen Standard der Schweiz vielleicht in Frage stellen!

Militärhumor, existiert!

Während wir als Familie in der Kirche in Bülach sitzen, gespannt dem einmaligen Spektakel der militärischen Brevetierung unseres Sohnes zum Leutnant lauschen, ist die Anspannung und die Ernsthaftigkeit spürbar. Prompt steht unser Sohn zuvorderst in der Reihe und verschläft im ersten Moment seinen Vormarsch durch das Kirchenschiff. Nun JA, er ist der Sohn einer Pleiten-, Pech- und Pannen-Mama.

Der Militärseelsorger stellt eine wichtige Frage an die jungen Männer und deren Angehörige: „Wer kann mir sagen, welche Turnübung für einen Militärmann zu den Schwierigsten zählt?" – „Sich selber auf den Arm nehmen."

Oh, diese Aussage trifft den Nagel auf den Kopf. Und alle Zuhörer im Kirchenschiff beginnen zu schmunzeln oder lachen. Die Anspannung unter den Gästen und Brevetierten wechselt zur Entspannung, dank dieser bildhaften Frage und Aussage des Redners. Ich war so dankbar für das lustvolle Durchatmen und das spontane, gesunde Lachen. Es stimmt mich glücklich, dass sich andere Menschen mit den gleichen Themen auseinandersetzen und in wichtigen Momenten den Humor zur „Ent-ERNST-ung" pointiert einsetzen.

Recherche „ent-ERNST-en"

Bei *Google* habe ich für das Wort „ERNST" ähnlich klingende Wörter/Synonyme nachgefragt und schreibe hier ein paar auf:
Seriosität, Ansehen, todernst, bitterernst, trocken, humorlos, erforderlich, existenziell, fantasielos, hölzern, ideenarm, temperamentlos, heiliger Ernst, gnadenlos, konsequent, mühevoll, nicht einfach, ohne Pfiff, grundanständig, Diensteifer, Strebsamkeit, Fleiß, Dienstwilligkeit, streng, Inbrunst, Hingabe, Konzentration, Versunkenheit, Andacht, Achtsamkeit, Fokussierung, angespannt, streng, tiefgründig, mit ganzem Herzen.

Ich bin erstaunt über diese Definitionsmöglichkeiten.

In meiner eigenen Definition von ERNST erkenne ich wenig Freude. Es ist, als ob die Schwermut und die Seriosität das Wort umweben. Dieses Gefühl lähmt und kostet Energie. Es lohnt sich, den ERNST wie eine Zwiebel abzuschälen. Dem „ERNST der Lage", wie ich einige Situationen in der Vergangenheit erlebte, will ich mit diesem Buch aus Distanz zuwinken. Oder abwinken, um dem HUMOR gebührend Raum einzuräumen. Es ist meine Entscheidung, den ERNST aus meinem Leben auszumerzen und zu Beginn sicher klein zu halten. Das Gelingen dazu ist sehr wohl ein anderes Thema, doch ich arbeite daran.

Bei Ärgernissen, Versäumnissen, Fehlern usw. versuche ich den Humoraspekt einzuflechten und manchmal auch zu hinterfragen. Wie sagt der Volksmund so schön: „Jeder Taler hat zwei Seiten". Unser Sohn weist mich gerne daraufhin, wenn meine Stimme in Wut umschlägt und fragt mich dann unverfroren, wo sich mein Humorgehalt verstecke.

Bischofsgebet vor dem Buffet

Vor 27 Jahren wurde in unserem Dorf ein neues Kirchengemeindezentrum erbaut und anschließend eingeweiht. Der damalige Bischof kam zu Besuch in unser Dorf. Viele Menschen versammelten sich im neuen Gemeinschaftssaal – abwartend, bis jemand sich an das warme Buffet begab. „Die Mutigen erobern die Welt", so gingen eine Kollegin und ich an das herrliche Buffet. Unsere Teller füllten wir mit Leckerbissen, bis wir die Stimme des Bischofs hörten. Er begann für alle das Tischgebet zu sprechen. Uns beiden war die stehende Position mit gefüllten Tellern in der Hand – ein unvergesslicher Hingucker für alle Anwesenden – äußerst peinlich und wir lachten innerlich in unser beschämtes Herz hinein. In Gedanken wünschten wir uns ein Loch im Boden, um darin zu verschwinden! Jedoch genau dieser Bischof, den ich so volksnahe empfand, trat 1995, nur 3 Jahre nach unserer Begegnung, von seinem Amt zurück, um konsequent zu der Vaterschaft seines Kindes zu stehen. Was war unsere Panne versus den Bruch des Zölibats? *(Laut Recherche habe ich gelesen, dass seine Tochter in Luzern, mit einem Religionspreis ausgezeichnet wurde. Sie wählte als Thema ihrer Maturaarbeit „Zölibat".)* Gegenüber diesem brisanten mutigen Religionsthema und unserem besonderen

Mut, als erste an das Buffet zu treten, entschärft sich die Panne so sehr, dass wir heute noch herzhaft darüber lachen können und nur mit Vorsicht – ohne Bischhofsanwesenheit – weitere Buffets betreten.

Firmung

Während unser Sohn bei der Firmung mit seinem humorfröhlichen Götti vor den Weihbischof trat, der einen freundlichen französischen Akzent in seiner Stimme mitschwang, meinte er zu diesen beiden lächelnden Herren: „Weißt du, der Geist ist in DIR, du siehst ihn nur nicht." Auch noch nach der Firmung blieb dieser ehrwürdige Satz hängen und kommt ab und zu zur Sprache, wenn es darum geht, das Gegenüber aufzuheitern. Mir fällt auf, wie viel sehen wir nicht, was in unserem Körper ist und vertrauen einfach, dass wir ordentlich beatmet werden, unsere inneren Organe funktionieren, unser Herz gut durchblutet wird usw. Tut all diese natürlichen und wundervollen Dinge wohl genau dieser *Geist,* den wir nicht sehen?

Für meinen Arnold

Als ich mit meinem Mann im Jahre 2012 im Kino war, um uns den Film *Hope Springs* anzuschauen, entschied ich mich, mehr Farbe, mehr Abwechslung, mehr Überraschungen, mehr *Ab-Normales* auch in unsere Partnerschaft einzuflechten. An dieser Stelle kann ich diesen Film allen „kriselnden Ehen oder Partnerschaften" wärmstens empfehlen. Die Inspirationen nahmen über Nacht automatisch zu und regen an, am neuen

Morgen den Weg zur Verwandlung weiter in Gang zu setzen und selber an die Hand zu nehmen.

Weil mein Mann jeden Morgen seinem Hobby nachgeht, seiner Kaninchenzucht, kochte ich für meinen neu liebgewonnenen *Arnold* (Name der Hauptfigur des Films) – die Betonung liegt auf erstmalig und einmalig – Spiegelei mit gebratenem Speck und holte die Morgenzeitung aus dem Briefkasten. Natürlich war er verblüfft und ich schmunzelte über sein Gesicht, als ich ihm, meinem neugeborenen *Arnold,* einen frohen Tag wünschte.

Genau mit Unerwartetem, Überraschendem schenken wir dem Alltäglichen neue Farben. Solche besonderen, mit Humor gezeichneten Momente beflügeln auf unbewusster Ebene den ganzen Tag und kleben ein Leben lang in unserer DNA. Schließlich sind wir Weltmeister, von unerfreulichen Erlebnissen zu erzählen. Mit jedem wiederholten Erzählen senden wir Energie in dieses unliebsame Ereignis. Genauso gelingt es uns die positiven Erlebnisse zu wiederholen und diese positive Energie zu speisen. Im Unterbewusstsein bleibt dieser Geschmack nach gebratenem Speck hängen und vergisst meine Geste niemals.

Wenn ich auf meine über 30-jährige Beziehung zurückblicke, sind die oft inszenierten „lucky punches“ gnadenvolle Helfer für festgefahrene Marotten oder Auseinandersetzungen in einer Liebesbeziehung. Ich appelliere: Hört niemals auf, euer liebenswürdiges Gegenüber neu zu entdecken und zu überraschen. So bleibt das Zusammenleben und -sein stets humorvoll und abwechslungsreich.

Surprise-Abend

Neben Beruf, Kindern und sonstigem alltäglichen Dasein gibt es in den meisten Familien die Situation, die uns monoton und langweilig erscheint. Statt im Außen alleine nach Lösungen zu suchen, findet ihr unglaubliches Potential in EUCH.

Jeder Mensch ist von unlimitierter Kreativität beseelt. Bei der Verteilung dieses Attributs war der liebe Gott einsichtig und schenkte jedem Menschen gleich viele Anteile. Doch der eine lebt seine Kreativität in der Küche aus beim Kochen, der andere beim Schreiben, Knüpfen, Putzen, Stricken, Gartengestaltung, Innendeko, Theater, Singen, Malen, Collagen kreieren, kaputte Gegenstände selber wieder reparieren etc. Kreativität darf aus unserer inneren Quelle geschöpft werden. *französischer Künstler*, heute 85-jährig, sagte: „Einmal etwas machen, genügt nicht. Mach dasselbe 20 Mal, um so die einzigARTige Vielfalt im Detail des einmaligen Tuns zu entdecken". Wie oft probieren wir etwas aus. Gelingt es uns nicht gleich, lassen wir es eben sein und erklären uns, ich kann das nicht, ist nicht mein Ding. *Dahinter lauert die Angst, zu versagen.*

Während der Vorbereitung auf meine Humorvorträge bin ich einmal auf diesen Hinweis der *vier Lernphasen* gestoßen.

Das Erlernen einer Fähigkeit durchläuft vier Phasen:

Phase eins: nach der Geburt hatten wir keine Ahnung, dass wir noch nicht laufen, sprechen oder schreiben können.
Wir sind uns nicht bewusst, dass wir etwas nicht können!

Phase 2: Die Zeit kommt, da wir uns bewusst werden, dass wir etwas nicht können. Wir möchten gerne schwimmen, aber wir können es nicht. Genau an dieser Stelle entscheidet sich etwas sehr Wesentliches. Viele von uns verwechseln in dieser Phase die Tatsache, *ich kann es nicht,* mit der Aussage, *ICH kann es NOCH nicht*! Dieser Satz motiviert uns, z. B. mehr Humor

im Alltag erlernen zu wollen. Glauben wir jedoch der ersten Aussage, werden wir es gar nicht erst versuchen.
In dieser Phase sind wir uns bewusst, dass wir etwas nicht können.

Phase 3: Haben wir die neue Fähigkeit gerade frisch erlernt, sind wir vielleicht noch ein wenig unsicher. Wir wissen nun, dass wir es können. Wir sind uns unseres Könnens bewusst. Wir sind stolz und zeigen unser Können der ganzen Welt.
Wir sind uns bewusst, dass wir etwas können.

Phase 4: Wir können es, sind routiniert und erfahren. Wir fahren Auto, können unser Handy bedienen. Wir tun es, ohne weiter darüber nachzudenken. Wir sitzen ins Auto und hören Radio oder reden mit unserer Begleitperson. Es geschieht automatisch. Fast unbewusst. In dieser Phase sind wir uns unseres Könnens nicht mehr bewusst. Wir haben vergessen, was wir können.
Wir sind uns nicht bewusst, dass wir etwas können.

FAZIT: Je besser wir etwas können, umso weniger sind wir uns dessen bewusst, dass wir es können.

Dieser Lernkreislauf ist für unser Selbstbewusstsein und Selbstvertrauen fatal. Weil wir unsere Erfolge und Fähigkeiten nicht mehr bewusst wahrnehmen, fangen wir an, zu glauben, dass wir nichts können. Plötzlich sind wir ab einem bestimmten Punkt unseres Lebens überzeugt, dass wir nichts Neues mehr erlernen oder erreichen können. Wir wissen nur, was wir alles nicht können. Das deprimiert uns und deswegen haben wir oftmals keinen Mut mehr, etwas Neues anzugehen. Wir entwickeln manchmal sogar regelrechte Hemmungen, überhaupt noch nach neuen Zielen Ausschau zu halten. Sehr oft sagen wir dann: *„Jetzt ist es sowieso zu spät."* Weiterentwickeln können wir uns nur, wenn wir daran glauben, es schaffen zu können. An diese Möglichkeit glauben wir aber nur, wenn wir uns wieder erinnern, was wir bereits alles können und was wir bereits alles erlernt haben. Erst dann wissen wir, dass wir zu viel mehr in der Lage sind, als nur zu zweifeln. Wie wäre es, hier einmal eine ausführliche Liste zu erstellen, was du alles gelernt hast?

Der erste Überraschungsabend war im Zeichen der Kreativität. Ich lud mein Mann in mein Bastelzimmer ein. Vor uns lagen x-fach kleine Steine, Spachteln, Pasten und im Hintergrund lief Entspannungsmusik. Ich begrüßte meinen Mann herzlich zu unserem ersten gemeinsamen, besonderen Date. Von nun an finden diese besonderen Dates – in einem Wechsel der Verantwortung, wer wen überrascht – wöchentlich statt.

Ich bat jetzt meinen Mann, von der bereitgestellten Paste mit dem Spatel auf diese Styroporkugel aufzutragen, um damit symbolisch Steine, welche wir uns ab und zu gegenseitig in den Weg legten, oder auch Steine des Anstoßes der freudigen zahlreicheren Erlebnisse aus der Vergangenheit, zu festigen, um danach – nach diesem heutigen Abend – neu anzufangen. Die Kugel wählte ich für eine runde Sache aus. So, dass ich mir die Zukunft rund, harmonisch vorstellen durfte. Beide gestalteten sich für das Gegenüber eine Kugel. In der einen Hand hielten wir die Kugel und mit der anderen Hand strichen wir uns lufttrocknende Strukturpaste auf, um die vielen Steine zu deponieren. Die Steine waren klein und gewannen mit der Zeit an Gewicht. Plötzlich geschah es: Die Kugel von meinem Mann fiel auf den Boden und viele Steine fielen dabei raus. Von dem plötzlichen Chaos ganz zu schweigen, begann mein Mann zu fluchen, in seiner Wut der Enttäuschung. Im ersten Moment schaute ich ihn überrascht an. Ich begann leise zu lachen und bemerkte: „Hey, das ist wie im wahren alltäglichen Leben. Etwas Unvorhergesehenes passiert, und wir werden beide herausgefordert oder aufgefordert, eine Lösung zu finden. Komm, wir schaffen das gemeinsam. Putzen jetzt den Boden gemeinsam". Anschließend tauchten wir erneut in unsere Werke ein, doch diesmal half ich ihm zuerst, indem ich seine Kugel in der Hand hielt, und er seine gewählten Steine in die Paste drückte, und danach half er mir bei meiner Kugel. Die Lösung war plötzlich da. Das gemeinsame Wirken, das Miteinander und Füreinander fühlte sich wie ein Segen an. Gleichzeitig stellten wir fest, dass wir bei der gegenseitigen Hilfestellung mehr miteinander kommunizierten und lachten als zu Beginn. Wie prima es uns Menschen gelingen kann – statt einsam im Gem-einsam-en zu handeln. Danke Schatz, für dieses wunderbare Lernfeld.

Tampaxgröße?

Lorena ging eines Morgens in die Apotheke und bestellte beim netten Herrn hinter der Theke Tampax. Er fragte sie, ob es kleine, mittlere oder große sein müssen. Lorena sagt: „Aha, ich wusste gar nicht, dass es verschiedene Größen gibt". Lorena leidet an Schlafstörungen, weil sie wegen jedem kleinen Geräusch aufwacht. Der Herr führte Lorena zur Schublade, in der alle besagten Größen vorhanden waren. Frühestens jetzt, nach dem Öffnen der Schublade, begreift Lorena, dass die Dinger für die Ohren, um sich in einen ruhigeren Schlaf zu wiegen, eben „Ohropax" heißen und nicht Tampax. Da gibt es eine Einheitsgröße! Tampax oder Ohropax hin oder her – Hauptsache Pax hilft in der Not.

Chris und Angie

Eine besondere Begegnung und Tat geschah am 24. Dezember 2018 im Nationalpark von Torres les Paines/Chile.

Zwei Tage zuvor sah ich auf dem Parkplatz eines Hotels ein besonderes Wohnmobil, umgebaut von einem monströsen Lastwagen. Mein Blick war gefangen vom Schweizer Autokennzeichen BL. Ich schaute umher, konnte jedoch keine Menschen sehen, denen das Fahrzeug gehören könnte. Ich musste mit der Reisegruppe weiter und konnte nicht warten, bis jemand zu diesem Fahrzeug kam.

An dem 24. Dezember verließen wir das Patagonien-Camp und wurden von einem Fahrer an die argentinische Grenze gefahren. Plötzlich überholte er genau dieses fahrende Wohnvehikel und ich war ganz aufgeregt. Kurz erzählte ich ihm die Geschichte, dass diese Leute aus meinem Wohnkanton stammen und er wollte unbedingt anhalten. Da kam mein Verstand in die Quere und sagte: „Nein, nein, nicht anhalten. Schweizer wollen in den Ferien nicht gestört werden". Mutverlass, Angst, Menschen zu nahe zu treten, kam durch meinen Verstand zum Vorschein. Der Fahrer ließ nicht locker und bevor er links abbiegen musste, hielt er das Auto an. Ich stellte mich mitten auf die Straße und hielt meinen linken Arm nach links und mit der rechten Hand winkte ich, mit der Bitte das Gefährt an die linke Straßenseite zu fahren. Ich stand vor der Beifahrerkabine, die sich öffnete und sagte im breiten Baslerdialekt: „Hey schöni Whyenacht!" Und ich hörte die Frau sagen: „Was bisch den du für es verruckts Huehn?" Und das Eis war gebrochen. Sie kam zu mir hinunter, begrüßte mich mit einer Umarmung und stellte sich uns als *Angie* vor. Oh, was für ein Name an diesem christlichen Tag. Und als dann noch der Mann auf mich zukam und sich mit *Chris* vorstellte, wurde mein chilenischer Weihnachtstag, weit weg von meiner Familie, perfekt!

Wir erfuhren bei kurzem Wortwechsel, dass die beiden sechs Monate auf Reisen sind, während es bei uns Winter ist. Im Sommer wohnen sie in der Schweiz, auf dem nahegelegenen Campingplatz, der an unser Dorf grenzt. Tja, die Welt ist tatsächlich ein Dorf und wir waren beide im Herzen berührt. Innert Kürze folgte ein Austausch der Telefonnummern und eine Anfrage via Facebook. So geht das heute mit der weltweiten Verbindung. Diese Szene zeigt mir, dass genau die Begegnungen mit Menschen das Leben so einzigARTig gestalten.

Die wichtigste Erkenntnis daraus: geh und lass dich vom Herz führen und schalte den Kopf aus. Hätte ich meinem Verstand Folge geleistet, würde ich hier von diesem einzigARTigen Zusammentreffen nicht berichten. Ich hätte nur von diesem Autokennzeichen erzählen können, das wenig Lebendigkeit beinhaltet. Die lebendigen Begegnungen bleiben ewiglich, weil sie an ein wunderschönes Gefühl geknüpft sind und das Herz Luftsprünge machte. Unser Fahrer fühlte sich ebenso mit beglückt und hatte beinahe Tränen in seinen Augen.

Creativpower

Persönlichkeitsentwicklung findet manchmal im Alltäglichen intensiver statt als an den Seminartagen selbst. Auf der Fahrt nach Deutschland saßen Niklaus, Thomas, Lilly und Veronika in einem Auto. Fünf Tage Hirnwäsche stand auf dem Programm. Die vier verstanden sich untereinander sehr gut. Die beiden Herren übernachteten im Studio, während sich die beiden Frauen ein Appartement teilten. Die Mahlzeiten zelebrierten die vier zusammen. Veronika war für den Einkauf zuständig. Denn in der Gegend gab es kaum ein Restaurant oder ein Lebensmittelgeschäft, ohne ins Auto zu steigen und hinzufahren. Veronika führte sich auf wie eine besorgte Mutter. Da platzte Thomas der Kragen, als Niklaus sich ein zusätzliches Spiegelei machen wollte. Ungeschickt fiel Niklaus die Schachtel mit den Eiern aus der Hand und Veronika stürmte als Retter in der Not daher. Thomas schrie Veronika an, sich wieder hinzusetzen, denn sie sei gewiss nicht ihre Mutter. Das ist Veronika eingefahren. Von dem Moment an konnte Veronika sich ihren persönlichen Themen widmen – ohne kontinuierliches Schauen und Kontrollieren, ob es allen gut geht.

Nun ja, die vier haben sich amüsiert, kannten sich noch nicht so gut, denn sie kommen aus unterschiedlichen Regionen der Schweiz.

Eines Abends beim Nachhause fahren drehte Niklaus fetzige und rhythmische Musik in seinem Autoradio lautstark auf. Da war es um die Vier geschehen. Diese geballte, musische Energie war für dieses Auto zu heavy. Niklaus hielt auf Bitten von Veronika an, um draußen vor dem Scheinwerferlicht zu tanzen. Schiebedach, alle Türen standen offen und die vier Wilden tanzten, bewegten sich in der abgelegenen Gegend im Rhythmus der Nacht. Wie ein Vulkan verwandelten sich die Gemüter in Glücksgefühle, wohlverstanden ohne Drogen! Plötzlich entdeckte Niklaus am oberen Berghang, dass einige Lichter in einem Haus angeknipst wurden, so dass wir in Windeseile ins Auto sprangen und nur noch davon sausten.

Persönlichkeitsentwicklung – sich entfalten, lernen, zu sich und seinen Bedürfnissen zu stehen – übten diese vier Personen auf sehr respektvolle und kreative, lustige ART und Weise. So geschah es, dass, nur ein Jahr später, sich dieselben vier Personen zum selben Ort zurückbegaben. Am dritten Morgen bemerkte Lilly, dass die ersten beiden Tage im Seminar sehr gut verliefen, voller innerer Stärke, ohne eine einzige Träne zu vergießen. Oh weh! An diesem Morgen hörten sie eine Meditationsmusik aus dem Buddhistischen, und ALLE vier schauten sich im Anschluss in die Augen und mussten herzhaft über die Öffnung der Tränenschleusen lachen. Es fühlte sich magisch an, wenn die innere Welt eine Wandlung in Gang setzt. Heute kann ich noch bemerken, dass Aktion gleich Reaktion oder Ursache und Wirkung alleine durch die Ansage von Lilly in Gang gesetzt wurde.

Direktvertriebs-Zeit

Während 23 Jahren war ich als erfolgreiche Teammanagerin mit „ProLö" unterwegs und motivierte meine Teamkolleginnen. (ProLö bedeutet: Ein Problem ist schließlich dem „Fürblem" zugesprochen und soll uns im persönlichen Wachstum unterstützen und helfen neue Einsichten zu erlangen. Schließlich heißt das Problem ja nicht „Controblem" und richtet sich gegen uns!) Es sind einige wunderbare Freundschaften entstanden – und vor allem viele Geschichten. Die Teamkolleginnen waren meist Frauen und ich erlaubte mir, schräge, meist unvergessliche Meetings zu planen und durchzuführen, in denen Kopfschütteln, Lachkrämpfe, Tränen, Gefühlsduseleien, Liebes-Lobeshymne und Zusammengehörigkeitsgefühle „vollwertig" wachgerufen wurden.

Ohne Pultimikation geht es auch

Um mich nicht in ein vorgeschriebenes Kostüm zu drängen, legte ich mir für einen Frühjahresevent eine andere Rolle zu: die der Pippi Langstrumpf. Ein Saal von fast nur Frauen, und ich hatte die Rolle, einzelne Frauen zu interviewen. Bei einer Dame mit Krönchen auf dem Kopf, welche am meisten von irgendetwas verkauft hat, sprach ich von Zahlen und von Pultimikationen, die während der Schulzeit wenig Freude bereiteten. Was geben Zahlen schon her. Doch oh weh – meine Gesprächspartnerin war eine Primarschullehrerin! Und die Pippi ist voll ins Fettnäpfchen getreten. So, dass das Publikum mit herzhaftem Lachen diese Situation entschärfte. Was soll's. Pippi ging schließlich nicht zur Schule! Doch sie war deswegen keineswegs lernfaul. Im Gegenteil, sie lernte mit Begeisterung, während sie ihre Tiere beobachtete, den Wolken am Himmel zu schaute, x-fache Fantasiereisen unternahm und so ihren Geist stets wachhielt. Sie war auf Empfang. Musste das Glück nicht suchen, sondern das Glück fand sie. Diese „Pippi-Haltung" entsprach mir absolut und ich erlaubte mir, die Erwartung „gut oder richtig" sein zu müssen, mehr und mehr abzulegen. Ich holte mir die Pippi-Tugenden in mein Leben, wie Aufrichtigkeit, Begeisterung, Bereitschaft, Dankbarkeit, Fürsorge, Fröhlichkeit, Großzügigkeit, Hingabe, Humor, Kreativität, Liebe, Leidenschaft, Neugier, Toleranz, Verantwortung, Würde, Zusammenarbeit, die sich so wohltuend und lichtvoll anfühlen.

„Wotsch dùù van Äärìscht mit der Arbìit aafaa?"

In einem Sommer fuhren mein Mann und ich auf die Alp (Gais) bei Adelboden, um eine dort arbeitende Beraterin und Familie zu besuchen. Mein Mann liebt das Almleben, und so blieben wir über Nacht. Am anderen Morgen musste die älteste Tochter das Kälbergeschirr am Brunnen reinigen. Ich vernahm ein bitteres Murren und bat ihr an, mich als Hilfsperson bereitzustellen, indem sie mir die Arbeit einfach erklärt. Sie willigte still ein und wir liefen zum Brunnen. Das „Mältì" (Eimer zum Tränken der Kälber) musste mit einer Bürste ausgewaschen werden. Die älteste Tochter redete in feinstem „Buure-Adelbodedütsch" mit mir und ich blieb staunend stehen. Sprachlos, denn hier in der Schweiz habe ich keine Chance, sie „im ERNST" wirklich zu verstehen. Innert Kürze hatte ich das Gefühl, irgendwo weit weg im Ausland zu sein, jedoch sicher nicht im Berner Oberland. Ich versuchte, ihr mein Unverständnis der Sprache zu erklären und bekam einen etwas forschen Ton zu hören (so nach der Mimik her verstehend) „Du bist auch für gar nichts zu gebrauchen – eben eine Stadtdame", meinte sie im vollkommenen Adelbodedütsch.

Wegen meiner Unbeholfenheit wusste die Mutter genau in dem Moment, wie mein Weihnachtsgeschenk aussehen muss. Ich erhielt ein Buch, um das legendäre „ADELBODEdütsch" zu lernen. Wenn ich in diesem Buch nachlese, würde das heißen: „De wiì wer apa ggùggä!" Ich bin sehr froh und dankbar, dass mir diese Beraterin stets in „hochdeutscher" Sprache die Nachrichten zukommen ließ statt im eher gewohnten „Adelbodedütsch".

Engel trifft auf Engel

Mit Bea treffe ich mich in Hochdorf in einem Café. Unser Gespräch ist weiträumig. Wir berichten über Gott und die Welt und lernen uns Dank dem „Herrn Engel" (der uns zusammenführte) besser kennen und schätzen. Manchmal staunen wir einfach, über welche Umwege Menschen zusammentreffen. Ich habe Herrn Engel in einem Verkaufsseminar kennen gelernt und er motivierte anschließend seine Frau, eine Produktpräsentation zu organisieren. Während dieses Abends traf ich auf Bea, mit der ich in engem Kontakt stehe. Als wir vertieft unser Gespräch fortführen – wer kommt unerwartet zur Türe herein – genau zu diesem Zeitpunkt – Herr Engel. Wir begrüßten ihn und als wir unsere beiden Getränke bezahlen wollten, hieß es: „Ah, diese Kaffees sind schon bezahlt". Herr Engel ohne sichtbare Flügel sei Dank.

Adelboden EVENT

Ich liebe es, extraordinäre Events zu planen und durchzuführen. So lud ich die Führungskräfte am Vorabend eines Events zu einem Führungskräfte-Treffen auf den Hahnenmoos ein. Mit dem Auto durfte „Frau" im Sommer zu einer bestimmten Tageszeit hinauffahren. Eine Beraterin aus dem Baselbiet fuhr mit ihrem großen Porsche Cayenne die Bergstraße hoch. Ihre Schweißdrüsen um diese engen Kurven und schmalen einspurigen Straßen wurden strapaziert. Diese Fahrt fühlte sich wie Achterbahnfahren an, weil selten um die nächste Kurve gesehen werden konnte und Unebenheiten zu einer solchen Bergstraße dazugehören. Oben angekommen, stieg sie aus und begann zuerst Mal zu meckern. „Läck mir am Tschöpli! Was ist wohl in dich gefahren, diesen Ort auszuwählen? Am Ende der Welt in der absoluten Pampa". Ich lachte und begrüßte sie herzlich. Ich freute mich, dass sie die Fahrt hier hinauf wunderbar geschafft hat.

Plötzlich kam von einer Baustelle ein monströses Baggerfahrzeug mit übergroßen Rädern auf diesen Porsche zugesteuert. Wir standen da und wussten nicht, was in dem Moment abgehen wird. Die Besitzerin des Porsches erkannte die Situation und sprang in Windeseile in ihren Porsche – der immer noch mitten auf der schmalen Straße stand – und fuhr auf einen möglicherweise mit Steinen beschotterten Parkplatz. Sie war fix und fertig. Mein Lachen half ihr in diesem Moment wenig. Im Gegenteil, sie ärgerte sich enorm und führte sich so richtig fest in den Widerstand. Doch genau das LACHEN damals entschärfte die Situation und erneut mit einigen zusätzlichen Lachfalten – ohne Beulen und Kratzern – hat die Fahrerin dieses Weekend bestens überstanden und in guter Erinnerung behalten. Hätte ich nicht mit Humor reagiert, bin ich überzeugt, hätte das Weekend ein Désastergefühl hinterlassen. Humor ent-ERNST-et und bügelt die Falten der Ernsthaftigkeit.

1, 2, 3, 4, 5, alle Zahlen in mir

Anfangs 2019 sitzt eine Klientin im Kalligraphiekurs in meinem Atelier SymbiosART. Auf der Suche nach passenden Gedichten oder Versen, sagt sie plötzlich: „Hey, hör mal, dieser Spruch passt genau zu dir und beschreibt dich wunderbar!"
Ich bin 1malig
Und 2felsohne verrückt
Oft ziemlich 3st
4 und zwanzig Stunden am Tag verwirrt
also eben alles, nur nicht nullacht5zehn!
Nun, ich höre von vielen Kolleginnen und auch sonst aus der Berufswelt, dass heute der Trend ist, sich über die erreichten „Umsatzzahlen" zu definieren. Der Mensch hinter der Zahl, wie und mit welchen Entbehrungen Umsatzzahlen erreicht wurden, von dem ist kaum etwas zu lesen. Höchstens, die oder der ist ins Burnout gefallen oder ist psychisch krank geworden.
Nur ein Jahr nach meiner Verabschiedung vom Produkteverkauf stelle ich fest, wie sehr ich am ersten Tag des Monats für kurze Zeit aufatmen konnte und am zweiten Tag der sanfte Druck von einer neuen Planzahl bis zum Letzten des Monats permanent wieder zunahm. Ich hatte genau dieses „von außen" gesteuert sein satt. Ich liebte die Produktpräsentationen bei den Kunden absolut. Ebenso die einzigartigen Menschen in meinem Team. Doch das administrative – weit weg von der Freude – mochte ich nicht mehr. Die Monate so leben, wie ich sie derzeit mit meinen neuen Klienten kreiere, hat derART mehr Lebensfreiheit und Lebensfreude gebracht, dass ich dankbar bin, den Schritt gemacht zu haben. Viel zu oft habe ich meine Werte der Umsatzzahl-Erreichung gleichgestellt. Das Empfangen von Geld zur „Wertvermehrung", auch von meinen Geschäftspartnern, ließ in mir kein Gefühl der Erfüllung mehr hochkommen. Im Gegenteil. Geld ist nur eine Energieform. Das Geld wechselt von Empfänger zu Geber

und umgekehrt. Doch dabei hoffen, dass es zum „Glücklich-Macher" wird, erachte ich als Illusion und bin für die Erkenntnis heute sehr dankbar. Ein erfüllendes Gefühl während einer Kunstprozess- Begleitung hat so viel an WERT und WÜRDE gewonnen, das mit keiner Menge Geld gleichgestellt werden kann. Am Ende zählt die gemeinsame Freude des Werkes, das durch ihre Verlängerung des Herzens entstanden ist.

„Das Leben ist zu kurz, um sich über fehlende Farben zu ärgern"

Als erfolgreiche Verkaufsberaterin habe ich erkannt, dass die einmalige Flüssigfarbe, welche diese Firma zur Verfügung stellt, in der Anwendung grandios ist. Ich bat damals den Geschäftsführer, ein Gesamtpaket zu schnüren mit allen Farben. Eben wie bei einer Stifte-Farbschachtel. Meine Idee unterbreitete ich – entgegen dem Wissen des Geschäftsführers – an einem Meeting-Abend. Eine sehr erfolgs- und zielorientierte Beraterin nahm meinen Input auf. Sie setzte mit meinem geborenen Spruch an der nächsten Produktpräsentation ein „Wow" in die Runde: „Das Leben ist zu kurz, um sich über fehlende Farben zu ärgern". Zwei Kundinnen hat diese Beraterin gewonnen, welche die gesamte Farbbox an diesem Abend bestellten. Ein Telefonat zum Geschäftsführer war von nöten. Einerseits musste ich meine Begeisterungsfreude mit dem Team teilen, dass wir ein solches Set „wahrscheinlich bekommen", und andererseits musste die Beraterin den Preis und die Artikelnummer unmittelbar haben. Ich höre heute noch die Skeptiker zu Beginn sagen: „Wer kauft schon 36 Farben?" Oh, da haben sich einige gehörig getäuscht. Denn der Umsatz floss in großen Mengen und diesen besonderen Satz: „Das Leben ist zu kurz, um sich über fehlende Farben zu ärgern", erwähnte ich mehrmals an den Meetings. Als ob er auf meiner Stirn tätowiert wäre.

Wer mich vielleicht erst neu kennen lernt, den überrascht diese Äußerung. Wie dem auch sei, doch eines teile ich hier mit. Begeistert mich eine Sache, ein Buch, ein Restaurant, ein Mentor, ein Redner oder SymbiosART, dann sprudeln Worte der Begeisterung aus mir heraus, als ob jemand in mir einen Wasserhahn angestellt hätte. Ja, ich bin mir sehr wohl bewusst, das Handwerk „Verkaufen" liebe ich bis zum heutigen Tag. So auch meinen persönlichen Buchverkauf. Es liegt mir am Herzen, dem Gegenüber mit Augenkontakt zu begegnen und mich persönlich zu bedanken. Dass das, was aus meiner Handschrift zu ihm/ihr gelangt, bewusst ist. Es soll von Herz zu Herz fließen.

Es war nicht immer so! Nach einem schweren Autounfall im Februar 1995, auf Schnee und Glätte, mit zwei Schwerverletzten und zwei zu Schrott gefahrenen Autos als Folge, gab es eine Wende in meinem Leben.

Nur ein Monat nach diesem Vorfall, wurde ich in unserem Dorf zu einer kreativen Produktpräsentation eingeladen. Dieser Abend holte meinen Jugendtraum in die Gegenwart. Mein Vater „prophezeite" die Kunst als brotlos. Liebend gerne hätte ich damals die Kunstgewerbeschule besucht. Ich hörte immer wieder seine Worte: „Erlerne etwas Gescheites! Malen, Zeichnen, Kleistern, Kreieren, Experimentieren. Einfach aus vollem Leibe KREATIV sein, ist brotlos und bringt dir kein Geld ein." Aus diesem beinahe erloschenen Funken begann über Nacht ein Feuer in mir aufzulodern und brannte so heiß, dass diesmal kein Wasserfall es hätte auslöschen können. Ich spürte, das ist mein Weg. Produkte präsentieren und Menschen mit Kreativität zu inspirieren. Bei meiner ersten Produkt-Präsentation passierten mir einige „Fehler", doch etwas entfachte ich im Gegenüber. Nachdem ich sämtliche Materialien zeigte und vom Tisch wegräumte, fragte mich eine Frau, wo man diese Produkte denn kaufen könne. Oh – ohne großes Ziel des Verkaufens gelang es mir, bei den Zuhörerinnen ein Verlangen zu wecken. Obwohl ich meinem Mann erklärte, nur Menschen mit meiner Begeisterung anzustecken und deren Lust zum Kreativsein zu entfachen, kam es anders. Die Freude, „Hand-gemachtes" zu verschenken, wurde Trend. 23 Jahre lang verkaufte ich Kreativprodukte mit Eifer und Freude, bis ich Ende November 2019 bei mir nahestehenden Menschen die „Beerdigungsdemo" hielt. Ich begeisterte einige hundert, wenn nicht tausend Menschen, ihre Hände für die angeborene Kreativität zu benutzen.

Als Kind erinnere ich mich an die Bastelstunden am Fernsehen. Es musste still sein in der Stube, als wir Kinder die Kindersendung „Basteln mit Gerda Consetti" ansehen durften. Diese Sendung galt für mich wie ein Rausch und ich schwor mir, das will ich auch einmal machen. Damals versuchte ich mit allem, was bei uns zuhause zu finden war, die Gerda-Consetti-Ideen umzusetzen. Ich liebte diese Stunden des kreativen Eintauchens schon damals und lebte diese über all die Jahre mal mehr, mal weniger. Doch ich erkannte nach den zahllosen gekauften Materialbergen, dass das Material das Eine ist, doch zum wirklich inspirierenden und spontanen ausdrucksstarken Kreativsein für EINFACHste Methoden wenig Material von Nöten ist.

Lachorgien

Ab und zu reisten wir zu internationalen Führungskräfte-Treffen. Einmal mag ich mich erinnern, saßen wir nach dem Abendessen zusammen und das eine Wort ergab das andere. Der damalige Geschäftsführer fiel auf mit seinem sehr lauten, fast brüllenden Lachen. So schaute ich mir seine Körpergestik in fortgeschrittener Zeit und bei zusätzlichem Alkohol genauer an. Ich mimte ihn nach, saß gleich wie er, legte oder spielte mit meinen Armen wie er, lachte wie er. Das heißt, ich machte mir den Spaß daraus, ihn voll und ganz nachzuahmen.

Wir verfielen in ein tränenreiches Lachfeld und konnten beinahe nicht mehr aufhören. Denn fast niemand in der Runde getraute sich, etwas zu sagen, machen, bewegen. Denn jeder könnte unmittelbar zur Nachahmung vorgeführt werden.

Machen sie Sechs/-ex

Ein ganztägiges Treffen mit meinen Beraterinnen stand an, um zu zeigen und zu lernen, wie ich die Kreativprodukte an den Produktpräsentationen zum Verkauf anbiete. Da solche Meetings in Restaurants stattfanden, aßen wir jeweils auch dort zu Mittag. Zwei Kolleginnen, welche aus dem nahen deutschen Grenzgebiet kamen, bezahlten an diesem Tag an der Theke ihr bestelltes Rivella. Der Kellner, jung und adrett, sagte zu der einen Kollegin: „Fünf Fünzig bitte". Und die Kollegin sagt mit ihrem deutschen Akzent und fast fragestellend, statt tatsachenberichtsmäßig: „Machen sie Sex!?!" Die andere deutsche Kollegin hörte dies und muss sich wegdrehen. Bei den beiden Geldaustauschenden war die zweideutige Aussage nicht bewusst – was da gerade ausgesprochen wurde. Die eine Kollegin begann herzhaft zu lachen, so dass den ganzen Nachmittag diese Lachnummer immer wieder hochkam und eine frohe Stimmung verbreitete.

„R"-UNDFahrt auf der Spree

Jedes Jahr findet für alle Beraterinnen ein Festival statt. Aus drei deutschsprachigen Ländern trafen über 500 Leute im Hotel Estrel in Berlin zusammen.

Ich buchte mit dem Team am Freitag vor dem Kongress eine Schiffs-RUND-Fahrt. Das Wetter war hervorragend. Wärmste Temperaturen und die Fahrzeit ca. 2½ Stunden.

Nach über einer Stunde Schifffahrt erkundigte ich mich, wann das Schiff wenden oder drehen würde. Denn nach meinen

Empfindungen entfernten wir uns zusehends vom Ausgangsort, wo wir das Abendessen einnehmen wollten. Zu meinem Erstaunen war die Fahrt einmal „quer auf der Spree" durch Berlin. Wenden war keine Option. Das heißt, wir mussten zeitverzögernd nochmals quer durch die Stadt mit Zug und U-Bahn fahren, damit wir in dem vereinbarten, reservierten italienischen Restaurant das Abendessen genießen konnten. Der Hunger war plötzlich sehr groß. Im vollbesetzten Restaurant bat ich den Chef deshalb, uns möglichst rasch zwei große Antipasti-Platten zusammenzustellen – für den größten Hunger. Vier Beraterinnen waren damit wahrlich unglücklich und aßen einfach stets die Brotkörbchen leer. Als für die vier Beraterinnen, die bestellen Spaghetti ca. 1½ Stunden später kamen, war die Enttäuschung in die Gesichtern geschrieben. Die Portionen sahen aus wie eine kleine Vorspeise und sie mußten hungrig vom Tisch gehen. Trotzdem – dieser Abend blieb unvergesslich.

„Blindes Utensil fliegt nach Berlin"

Aus Willisau kam die lustige und liebenswerte Patrizia mit zum Festival. Sie flog zum ersten Mal mit dem Flugzeug. Basel–Schönefeld hieß die Flugroute. Erstmals war Berlin mit all diesen großARTigen Eindrücken angesagt. Alles lief wie am Schnürchen. Bis wir in Berlin Schönefeld für den Retourflug einchecken mussten. Wir kamen alle einwandfrei durch die Sicherheitskontrolle. Doch Patrizia war plötzlich nicht mehr in der Gruppe. Wo ist Patrizia? Nun, durch die Sicherheitsvorkehrungen war jede mit sich selbst sehr beschäftigt. Auf einmal erschien sie am Gate – schweißgebadet – und erzählte, dass sie jetzt gedacht habe, hier bleiben zu müssen. Denn irgend etwas „Verdächtiges" befände sich in ihrer Handtasche. Nach zweimaligem Beleuchten bestätigte dies der Beamte. Patrizia konnte sich nichts zusammenreimen. Klar zählt laut dem Sänger und Liedermacher Peter Reber die Tasche einer Frau als achtes Weltwunder. Doch in diesem Moment war es Patrizia nicht um Komödie, schon gar nicht um Humor zumute. Es galt ERNST. Patrizia wurde befragt, wer ihre Tasche gepackt hat. Sie musste die Tasche vollkommen auspacken – mit allem weiblichen, lebensbejahenden und benötigtem Inhalt, um diesen den Sicherheitsbeamten zu präsentieren. Die Schweißdrüsen auf Alarmstufe. Patrizia konnte sich nichts erklären, etwas Außerordentliches, Gefährliches in Berlin eingekauft zu haben. Von dem her – unverständlich. Es war für sie, als ob jemand sie bei „Verstehen Sie Spaß" angemeldet hat. Doch da war etwas in einem Zwischenfach in der Tasche versteckt. Die Beamten durchleuchteten die leere Tasche und fanden in diesem Zwischenfach einen handgroßen Metallhaken. Nun ja, mit dem könnte sie jemanden im Flugzeug verletzen. Ja sogar töten. „Ihhhh nei hergolani none mouu". (Zornwort auch für unseren Herrgott.) Sie begann sich zu rechtfertigen, wie dieser Haken in ihre Tasche kam. Es sei ein Haken eines „Rittiseilis" (Kinderschaukel meist an Ketten aufgehängt), den sie durch einen neuen ersetzen wollte, weil dieser alte kaputt sei. Und daher nahm sie das alte Teil als Muster mit, um den richtig zu ersetzen. Sie war jetzt sehr erstaunt, dass der Basler Zollbeamte und Sicherheitsbeauftragte diesen beim Hinflug nicht gesehen hat, sondern in der Schärfe erst ein Berliner Zollbeamte.

„Costa fast gar nix"

Ein deutscher Neurobiologe und Schriftsteller würde sagen, dass ich meine Teamkolleginnen unbewusst als „Objekt" behandelte. Ja, in meiner heutigen Sichtweise gebe ich ihm Recht. Als ich mittendrin zwischen der Geschäftsleitung und der Beraterschaft stand, schenkte ich dieser Ansicht keine oder eine zu geringe Zustimmung. Auf jeden Fall hinterfragte ich dieses Objekt und Subjekt nicht. Einer Bedeutung und Beleuchtung zu diesen beiden Wörtern schenkte ich kaum Raum.

Damals, um mein Vorankommen anzuschieben und auf der Karriereleiter nach vorne zu gelangen, ließ ich mir allerlei zusätzliche Wettbewerbe einfallen. Ich kam mir vor wie eine Eseltreiberin, die zusätzliche Rüben vor die Nase streckte, damit die Beraterinnen losmarschierten.

So kam es, dass ich für die florierenden Monate September, Oktober und November im Frühling eine eintägige Shoppingtour in Hamburg anpries. Das Mutterhaus warb mit Shopping-Gutscheinen beim Erreichen bestimmter Umsatzzahlen. So war mir die gemeinsame Zeit mit Shoppen ein Bedürfnis. Die Flüge nach Hamburg „Costa fast gar nix". Fr. 120. bei Easy-Jet ab Basel – wohl verstanden hin und zurück am selben Tag – buchte ich im Vorfeld.

Schlussendlich flogen wir zu dritt nach Hamburg. Kaum angekommen, sahen wir diesen „Costa", der im deutschen Fernsehen in einem Werbespot kursierte. Mit weißem Hemd, Perücke und großer Metallbrille stand „Costa" an diesem Morgen prompt in Hamburg auf einer Brücke. Vor ihm ein Kamerateam. Es herrschten eisige Minus-Temperaturen und wir schauten diesem Spektakel zu. Das wir hier dem „Costa" begegnen würden, nur knapp bekleidet, hätten wir nie gedacht.

Nach der Shoppingtour stellte eine Beraterin fest, dass sie tatsächlich bei ihrem Großeinkauf eine Hose geschenkt bekommen hat, weil die Verkäuferin wahrscheinlich vergaß, sie einzutippen. Bingo! Hamburg – „costa fast gar nix".

Kommandantin der Verkehrsbetriebe in Berlin
An meinem letzten Jahres-Festival übernahm ich nochmals die Regie für das mexikanische Restaurant auf dem Prenzlauerberg in Berlin. Vom fränkischen Markt fuhren wir als Gruppe direkt dorthin. In etwa hatte ich die Route im Kopf, dachte ich. Doch die Richtung – das war ein anderes Ding.

So kam das benötigte 11-er Tram daher gefahren. „Das Tram, kommt steigt alle ein!" Ca. 15 Leute in der Gruppe befolgten den Sprung in das Tram. Da kam der Mann einer Beraterin zu mir und sagte: „Du Conny, fahren wir nicht in die falsche Richtung?" Mmh, tatsächlich, er hatte Recht. Wieder Kommando-Ansage: „ALLE nächste Station aussteigen – falsche Richtung". So standen wir nur für kurze Zeit an einer neuen Haltestelle. Ich orientierte mich und auf der anderen Straßenseite – anderen Haltestelle – sah ich das korrekt daherkommende Tram. Es war um mich geschehen und erneut hörte die gesamte Stadt Berlin meinen Kommandoruf: „Frauen, dort ist unser richtiges Tram". Und wie „LAND-Hühner" aus dem Berner Oberland, Baselbiet, Bündnerland, Luzern etc. liefen wir quer über die Straße, ohne verkehrstaugliche Sicherheitsvorkehrungen. Ein Gelächter und ALLE gackerten, weil sie den Anschluss zur Gruppe keineswegs versäumen wollten. Alle vertrauten mir und folgten so oft dem Leithuhn.

Rin-gel-blu-me

Ein deutsches Ehepaar begleitet meine Vertriebs-Gruppe jährlich zum Festival. So auch im Jahr 2019. Ich saß mit den beiden am Tisch und plötzlich erzählte die Beraterin folgenden Witz: „Fritzli saß in der Deutschstunde und die Lehrerin bat die Schüler, Blumennamen korrekt zu trennen. So streckte Anneli auf und sagte: „Son-nen-blu-me" – „Prima", sagt die Lehrerin. Dann steckt Vreneli auf und sagt: „Rin-gel-blu-me" – „Sehr gut", sagt die Lehrerin. Dann steckt Fritzli auf und sagt: „Org-as-mus". Die Lehrerin sagt: „Ja aber Fritzli, das ist doch keine Blume!" – Und Fritzli erwidert: „Aber schön schön schön!"

Nach dieser Schönheitserkenntnis folgten an diesem Abend zahlreiche Äußerungen, mit der Bewertung „schön schön schön".

Erste Weihnachtsfeier im neuen Atelier

Von diversen Teilen aus der ganzen Schweiz haben sich Beraterinnen zum Fondueplausch angemeldet. Wie so oft stand das gemeinsame Erlebnis im Vordergrund. Zu Beginn kreierte ich in drei Gruppen einen Wettstreit in Form eines Parcours. Verschiedene Aufgaben gab es zu lösen. Unter anderem Wasserballone innert kürzester Zeit aufzublasen, welche Gruppe erreichte die höchste Anzahl. Ich muss dazu sagen, die Idee kam aus dem Nichts, weil ich noch alte Ballone von unseren Kindern damals in die Hände bekam. Ui, dass Ballone jedoch ein Ablaufdatum haben, lernte ich erst an diesem Abend, denn die eingeatmete Luft der Beraterinnen, welche wie wild in die Ballone ihre Luft versuchten zu pumpen, ergab kaum Erfolg. Diese älteren Ballonmodelle waren mit x-fachen Löchern versehen. Das Gaudi und die dazugehörigen Witze umgarnten diesen Abend mit viel Gelächter.

Tagebucheintrag zweier Geheimagenten

Corinna und Amanda haben unabhängig voneinander ihren „Soll"-Umsatz erreicht und somit auch die Reise nach Sardinien. Diese beiden haben sich meist gegenseitig um 11.45 Uhr telefonisch ausgetauscht, den Telefonhörer des drahtlosen Telefons zwischen Schulter und Kopf eingeklemmt, damit die Mittagessenszubereitung trotzdem stattfinden konnte. Gegenseitiges Vorwärtspuschen tat beiden enorm gut. Sie freuten sich sehr auf diese gemeinsame, erfolgsgewonnene Reise. Auf der warmen und schönen Insel teilt Amanda Corinna mit, dass sie zuhause etwas vorbereitet habe. Sie wolle dem Chef und der Vertriebsleiterin etwas überreichen. Sie brauche mich dazu und hat die nötige angebrachte Verkleidung gleich mitgebracht. Da die Vertriebsleiterin langes schwarzes Haar trug und ihren Gesichtsvorhang hie und da mit einigen eleganten

Handbewegungen öffnete, brachte sie eine Strähne an einer Haarklammer mit. Für den Chef wählte sie ein einfaches Pochette/Einstecktuch. Denn ohne buntes Pochette kein Anzug, war wohl seine Devise.

Amanda schrieb mit vielen Reimen Tagebucheinträge von den beiden. Da wir zu diesem Zeitpunkt nicht wussten, dass sie ein Liebespaar sind, waren beide etwas verblüfft und konnten nur aus Anstand etwas lächeln und schmunzeln. Dafür haben Corina und Amanda sich überaus köstlich amüsiert und den Auftritt genossen.

Hier kurze Ausschnitte daraus:

Liebes Tagebuch
Heinamal, heute geht's mir gar nicht gut,
weil's mich im Gesicht so komisch brennt und zwacken tut.
Ich kann so kaum mehr in der Gegend rumlaufen,
manchmal könnt' ich in die Tischkante beißen, aber als Mann muss ich mich ja zusammenraufen.
Da flieg ich mit meiner Vertriebsmanagerin über Amerika nach Hause
Und mach mal in Miami schnell 'ne Pause.
Legen uns für kurze Zeit in die Sonne
Was schlussendlich war keine Wonne!
Ja, nu jetzt habe ich eben den Sonnenbrand im Gesicht.
Meine Vertriebsmanagerin meint: „Da nützt nicht viel als etwa Salbe einreiben,
der Doktor kann da auch nicht mehr verschreiben".

Liebes Tagebuch
Die Vertriebsmanagerin ist ein weibliches Wesen,
lieb und hübsch, doch manchmal ein Besen.
Zuhause lass ich mich ja gerne herumkommandieren,
Dann muss ich nämlich nicht so viel studieren.
Aber im Geschäft, nein, da lass ich mir nichts befehlen
Da können die mich auf den Kopf hinstellen.

Gut – manchmal – da kann's ja vorkommen,
dass diese Frau ist eher vollkommen.
Nun hat sie in der Geschäftsleitung einen Sitz
Platz – dies ist tatsächlich kein Witz.

Kleider machen Leute

Zum letzten Festival flog ich mit einem fast „vollen" Koffer von Kleidern nach Berlin. Irgendwie konnte ich mich diesmal nicht entscheiden, mit welchen Kleidern ich mich „verkleiden" soll. Denn jedes Jahr gab es ein Thema, zu dem das Outfit angepasst werden musste. Von zwei Beraterinnen kam der Koffer nicht rechtzeitig an und ist irgendwo hängen geblieben. Jetzt wusste ich, weshalb ich unbewusst großzügig Kleider mitbrachte. Natürlich half ich beiden Frauen aus, und so konnten sie nach 24 Stunden erstmals ihre Kleider wechseln. Im Großen und Ganzen passten die Kleider und es war merkwürdig, meine Kleider an den Frauen zu sehen. Ohne Handlungen zu hinterfragen, lohnt es sich den Eingebungen, oder „Vorhersehungen", Folge zu leisten.

Küss den Frosch

Serendipity schickt mir ein Buch mit dem Titel „Küss den Frosch", der für mich zu einem weiteren Wendepunkt in meinem Leben wird – und noch einigen mir nahestehenden Beraterinnen.

Die Aussage „***küss den Frosch – bevor er zur Kröte wird***" wuchert in meinem Unterbewusstsein. Ich kann nichts anfangen mit dieser Aussage. Doch, mit küss den Frosch, kommt mir die Geschichte vom Froschkönig in den Sinn. Wir Menschen lieben Geschichten und so erwähne ich hier kurz die Essenz dieser Geschichte:

Wir streben nach Glückseligkeit. Genauso wie die unglückliche, wunderschöne Prinzessin, die sich nach ihrem Prinzen sehnt. Da gibt es einen wunderschönen Prinzen, der von einer bösen Hexe in einen hässlichen Frosch verzaubert wurde. Dieser Fluch kann nur gebrochen werden, wenn eine Prinzessin ihn küsst.

Als die Prinzessin sich an einen Teich setzt, entdeckt sie den hässlichen Frosch, der dort lebt. Die Prinzessin kniet sich an den Teichrand und sieht sich im Spiegel des Wassers. Da hüpft der Frosch zu ihr und spricht zu ihr.

„In Wirklichkeit bin ich ein verzauberter hübscher Prinz", sagt der Frosch. Wenn sie ihn küsst, verwandle er sich zurück und würde sie heiraten und lieben bis ans Ende ihrer Tage. Das klingt abwegig. Sie nimmt all ihren Mut zusammen und küsst den Frosch direkt auf die Lippen. Wie versprochen verwandelt er sich in den schönen Prinzen, hielt sein Versprechen und heiratet sie.

Die Moral dieser Geschichte

Offenbar hat fast jeder von uns eine Blockade – oder mehr als eine – die uns daran hindert, wahrhaft glücklich, fröhlich und gesund zu werden.

Welchen Frosch musst du in deinem Leben küssen, damit du dich in die erstaunliche Person verwandelst, die du sein könntest?

Wenn wir lernen, „den Frosch zu küssen" und uns angewöhnen, in jedem Menschen und bei jeder Erfahrung etwas Positives, Lustiges, Fröhliches, Humorvolles, Erstrebenswertes zu suchen (und auch zu finden), kannst du dein gesamtes Erfolgspotenzial freisetzen.

Dein GEIST/Deine Einstellung gleicht einem Garten. Dort wachsen entweder Blumen oder Unkraut. Kümmerst du dich nicht genug um die Blumen, wächst garantiert das Unkraut. Pflanzt du nicht mit voller Absicht bunte, fröhliche und lustige Gedanken und kümmerst dich um sie, dann überwuchern negative Gedanken alles. (Sumsimitpo lässt grüßen.)

Dieses Bild des blühenden Gartens erklärt, warum so viele Menschen in unseren westlichen Regionen unglücklich sind, aber nicht wissen weshalb.

Zeit zu verschwenden, das Denken von anderen Leuten zu verändern, lohnt sich überhaupt nicht. Es reicht, wenn du in deinem Kopf das Unkraut entschlossen und, je häufiger umso besser, entfernst.

Deine Aufgabe ist es, „den Frosch zu küssen" und all das Positive, Humorvolle in jeder einzelnen Situation zu entdecken. Mit voller Absicht alles Negative in etwas Positives zu verwandeln und den „schönen Prinzen" in deinem Leben herauszuholen.

„Schaue deinem Frosch ins Gesicht." Jeder hat so einen Frosch, den man küssen muss – manchmal mehrere. Die Frösche in deinem Leben sind die negativen Menschen, Situationen, Erlebnisse aus der Vergangenheit und gegenwärtige Probleme, sowie deine Selbstzweifel und Selbstbeschränkungen. Beginne einfach, Frösche zu küssen und stelle dir dabei das Gefühl des „Danach" vor!

Mit dieser Froschphilosophie erhielt ich zu meinem Abschied zahlreiche Geschenke. Wieviele „Gummifröschli" wurden wohl geschluckt, die fast an jedem Meeting herum gereicht wurden.

„Ubuntu" Gemeinsinn

UBUNTU. Auf Zulu/afrikanisch bedeutet dies Menschlichkeit, Nächstenliebe oder Gemeinsinn. Bereitschaft für die Erfahrung, das Bewusstsein zu erhöhen. So wird die Menschenwürde geachtet und das Bestreben nach einer harmonischen und friedlichen Gesellschaft zieht seine Kreise.

Ein Teil eines Ganzen zu sein, ohne besonders sein zu wollen, sondern so wie ich mich fühle und bin, beeinflusste mich besonders nach der südafrikanischen Reise im April 2019. Der wechselseitige Respekt und die Wertschätzung unter den meisten Schwarzen war für mich fühlbar. Ein besonders magischer Moment ergab sich an unserem letzten Abend in der Saragossa Lodge. Vier etwas „ver-rückte" Schweizerfrauen sangen mit Playbackmusik das Lied *Cheri Cheri Lady* von Modern Talking. Wild tanzten und bewegten wir uns um das Feuer. Wir waren alleine Gast in dieser Nacht. So geschah es, dass die drei einheimischen schwarzen Frauen aus der Küche ungeniert sich unserem Tanz der Freude anschlossen. Mein Herz war tief berührt, hätte am liebsten geweint vor Freude. Diesen besonderen Moment mit uns zu teilen, und sich zu uns zu gesellen frei von Hierarchiedenken – nur angesteckt vom Lachen und der Lebensfreude, erfüllte meine afrikanische Erfahrung mit purer Lebensfreude. Eine Kollegin tanzte als „Heino" (Blonder Schlager-Sänger mit Sonnenbrille), indem sie bei Dunkelheit ihre Sonnenbrille auf der Nase trug, weil sie die „normale Sehbrille" im Auto vergass. Es störte niemand. Vielleicht von Vorteil hatte sie die Sonnenbrille auf der Nase: Denn alleine beim Ansehen des bestellten Gnufleisches bemerkten wir keinen wesentlichen Unterschied zu Hirschpfeffer.

Ubuntu löste ein Gefühl von tiefer Dankbarkeit und Wertschätzung in meinem Innern aus, mit dem wohlwollenden Geist „wir brauchen einander". Im Sinne von: Ich bin, weil ihr seid und ihr seid, weil ich bin!

„Schleitheim" plötzlich Zentrum des Geschehens

Tut einer eine Reise – so kann er was erzählen.

Wir vier Frauen waren in Südafrika mit einem Auto unterwegs und als wir mitten am Nachmittag bei unserer Ziellodge ankamen, verspürte ich Hunger und begab mich ins Restaurant. Als ich mich dort alleine hinsetzte, spürte ich die Blicke vom Nachbartisch. Die beiden redeten etwas für mich Unverständliches, doch hörte ich einen Schaffhauser-Dialekt heraus. So wie ich bin, quatschte ich die beiden an und fragte, woher sie von Schaffhausen kommen. Nach Schleitheim-Dialekt ausgesprochen „Schlaate". „Nein, das gibt es ja nicht. Genau dort wohnt meine Schwester". Das Ehepaar schaute sich an und meinte, dass sie im ersten Moment dachten, dass da draußen in den Pampas eben meine Schwester zur Tür reinkam, weil ich ihr sehr ähnlich scheine. Und so ergab es ein lustiges Gespräch, denn der Mann war ein „Töfflifreund" vom Mann meiner Schwester. Als dann von uns Frauen diejenige aus dem Aargau sich zu mir setzte, meinte sie: „Ah, mein Cousin führt in ‚Schlaate' die Bäckerei". „Joh wa", hörte ich das Ehepaar am Nebentisch sagen. Doch alle guten Dinge sind drei, als diejenige von Fribourg zu unserem Tisch kam, meinte sie, dass ihr Cousin den Bauernhof führe in „Schlaate". „Joh nei, da gits ja niid". Südafrika führte Schleitheim-Geschichten zusammen. Wohl verstanden – Südafrika ist sehr groß – doch in diesem Moment war die Welt ein Dorf.

Ein „FAN von Cornelia"

Freitagabend und ich lasse mich auf die Lust ein, in einem Laden in Laufen eine angenehme, „gutsitzende" Jeanshose zu kaufen. Ich lenke mein Auto in eine von mir eher selten gefahrene Strecke. Gleichzeitig fährt von meinem Wohnort aus ebenso ein riesengroßes Bauvehikel los und fährt genau dieselbe Strecke. Statt 15 Minuten tuckerte ich mit fast nur 25–30 Stundenkilometern zum Zielort und hatte doppelt so lang. Überholen wegen dieser enormen Größe war unmöglich. Die Kolonne hinter mir war lange. „Okay, wenigstens fährt dieses Vehikel", kommt es mir in den Sinn und mein Auto reklamiert auch nicht, etwas langsamer zu fahren. Nur mein Fuß zuckt ab und zu, um auf das Gaspedal drücken zu dürfen.

Als ich am Zielort ankam, ins Städtli Laufen fuhr, kreuze ich eine ehemalige Beraterin. Ich winkte ihr zu und sie erkannte mich, so dass ich gleich mein Auto stoppte und mit ihr ins Gespräch kam. Die Begegnung war sehr herzlich. Während unseres Gesprächs fiel mir eine gemeinsame Geschichte ein.

An einem wunderschönen Septembertag organisierten wir einen kreativen Großanlass für die Beraterschaft. Diese getroffene Frau, die vor mir stand, war mit von der Partie und war damals schwanger. Ihre Weiblichkeit sah so wundervoll aus, mit ihren blauen Augen, diesem runden Bäuchlein, den lockigen Haaren, mit weißem T-Shirt gekleidet. Während dem kreativen Austoben benutzte sie einen roten Dekopointer (dies ist eine kleine Flasche, welche sich in der Hand wie ein dicker Filzstift anfühlt, und mit etwas Druck fließt die flüssige Farbe). Doch an diesem Morgen war der Fluss dieses Dekopointers nicht gewährleistet. So drückte sie mit etwas größerer Kraft auf diese rote Farbe, dann ist es geschehen. Ein zu großer Druck auf die Tube führte unkontrolliert die Farbe in die Freiheit und verzierte mit unregelmäßigen blutroten Klecksen ihr weißes T-Shirt. Die Beraterin war außer sich, dass ihr sowas passieren musste. Ich höre sie immer noch in ihrem so persönlichen, liebevollen Dialekt: „Ja Cornelia, was muess ich jetzt mache?" Da wir unter Frauen waren, gaben ihr alle die Zusprache, das Shirt auszuziehen und es, so gut es noch geht, auszuwaschen. Doch ich musste wieder einmal so herzhaft lachen. Denn der Anblick war, nein mein Bild nenne ich hier an dieser Stelle lieber nicht.

Was danach durch eine andere Beraterin jedoch entstand, war echt ein Knaller. Sie verschönbesserte diese Kleckse in kleine Fußabdrücke und schrieb etwas liebevolles wie „die sind von mir" oder sowas ähnliches.

Im Rückblick auf diesen Moment standen wir auf der Straße und lachten herzhaft. Zudem teilte sie mir mit, dass sie mich auf meinem heutigen „digitalen Weg" verfolge und an meinen Fersen hänge wie ein wahrhaftiger FAN. Oh, so was jetzt live auf der Straße zu hören, öffnet mein Herz. Danke Universum, für diese Begegnung und die lustige Geschichte.

(Ich muss dazu sagen, das Universum hilft tatsächlich unzählige Geschichten hier zusammenzutragen, an welche ich zu Beginn des Monats November noch nicht gedacht habe. Ich schreibe täglich, indem ich vertraue und weiß, „es kommt gut". In diesem deutlichen Beispiel ließ mich das Universum langsamer fahren, damit ich auf jeden Fall auf diese Beraterin traf. Heute ticke ich wie meine Mutter. Mit einer gehörigen Portion Vertrauen und Zuversicht, welche sie sich selber zusprach, „es kommt schon gut", muss ich schmunzeln und erkenne die unbändige Kraft. So darf ich lernen meine, Ungeduld in Geduld zu wandeln.)

„Adé – Goodbye"

Im Herbst 2019 besuchte ich den ersten „angstfrei"-Kongress in Bern. Während zweier Tage ließ ich mich stärken, einen längst angedachten Entscheid in die Tat umzusetzen. Nach 23 Jahren gelang es mir endlich, den Job als Führungskraft von 150 Mitstreiterinnen zu beenden. Jetzt war es mir „ERNST", für mich einzustehen und meinen Weg als Subjekt zu gehen, statt ein in einer Hierarchie gedrängtes Objekt zu sein. Danke für die vielen abwechslungsreichen Jahre – doch mein Herz ruft mich in die symbiotische Ausrichtung. SymbiosART, Kunstworkshops und Hypnose. Was hat das eine mit dem anderen zu tun? Es ist, als ob du vor einer weißen

Leinwand sitzt und ich dich begleite, deine persönliche Leinwand farblich zu gestalten. Physisch oder während der Hypnose mental. Oft braucht der Mensch einfach einen Begleiter, der den Stein der Kreativität ins Rollen bringt.

Ein Neurowissenschaftler und deutscher Schriftsteller spricht von Objekt und Subjekt (diese Worte nahm ich erstmals in der Grundschule wahr). Wir Menschen mutieren zu Objekten, indem wir uns sagen lassen (von oben herab) was unsere Aufgaben sind und was wir gefälligst zu unterlassen haben. Das Jahr 2020 steht genau im Zeichen des Objektes.

Sich selber so annehmen wie man ist – so tut sich der Mensch damit am meisten etwas zuliebe. Wir sind Subjekt und sollten uns selbst als dieses beachten, helfen, unsere Würde zu leben und in uns selbst zu vertrauen. Wertschätzend uns als Subjekt begegnen. Ich musste 55 Lenze jung werden, um zu erkennen, dass ich mir alleine vertrauen darf, um danach zu handeln. Mit SymbiosART (Kunstworkshops) und SymbiosHEART (Hypnosetherapie) gelang mir anfang des Jahres 2020 ein toller Start bis zum 13. März 2020. ALLES – wurde aufgerüttelt, aufgeschüttelt und durcheinandergebracht. Ich wurde indirekt in eine Objekthaltung von außen gezwängt und musste „ERNSThaft" handeln, indem ich mich nicht mehr mit Menschen treffen durfte. Es war ein Schlag ins Gesicht – bestimmt für viele Menschen auf der ganzen Welt.

Etwas hat mich Mitte September 2020 ebenso aufgewühlt. Es war der Tod von Professor Paolo Knill. Er hat sein Leben so gestaltet, mit großzügiger Offenheit für Neues. Er war Philosoph, Musiker und einfach Künstler der Ausdruckskunst mit sämtlichen Fasern seines Körpers. Von seiner hohen Intelligenz war ich beeindruckt und schätzte seine Wärme, in der manchmal klar ansagenden Stimme.

Als ich Ende Oktober nach seiner Abdankung von Schaffhausen heimfuhr, wusste ich – sein TUN und erlerntes Wissen und die damit verbundenen Erfahrungen müssen und dürfen sich auch durch mich verbreiten und ausweiten.

Ich fing einfach mal an und sah in den sozialen Medien, dass es einen Workshop „gäbe", innert 30 Tagen ein Buch zu schreiben. Nun, ich wollte genau das. Nach 30 Schreibtagen am 30. November einen Punkt setzen. Einmal Hand aufs Herz: Wieviele Videos schauen wir uns „live" an? So kann genau auch „live" ein Buch entstehen – ohne sich davor auszubilden. Schreiben muss meiner Ansicht nach nicht perfekt sein. In erster Linie zählt der Spaßfaktor. Plötzlich öffnet sich Schublade um Schublade in meiner Lebenskommode, um Geschichten der Unvollkommenheit preiszugeben. So kommt mir Schreiben auch wie ein improvisierter Tanz vor. Nach dem Motto „just do it" und „hey, let's dance". Zu viele verhalten sich wie Mauerblümchen und meiden die Tanzfläche, denn es könnte ja doof aussehen. Wir wollen es lieber richtig machen, als auf die Erfahrung loszugehen. Wenn Schreiben zum Drang wird, es einfach zu tun, im Vertrauen, dass es gut kommt und Freude bereitet, ist es genau gleich wie beim Sex!

Humorsache ernst nehmen

Die meisten Menschen meinen, sie hätten Humor oder sagen es. Humor ernst leben – das ist eine andere Sache. Dieses Abgelöstsein von Gewohnheiten, sich so zu geben, wie wir seit unserer Geburtsstunde an auserwählt wurden, frage ich, wer sich dessen bewusst ist und dies lebt. Die wenigsten und auch ich gehöre zu dieser Gruppe. Äußere Impulse beeinflussen meine Wesensart. Vergleiche finden statt in meinem Kopf. Selbstzweifel funkeln und winken aus den Ritzen meines Unterbewusstseins zu und prüfen mich: **Meinst du das ERNST mit der Humorsache?** Diese selbstkritischen Aspekte wegzuschieben, stehenzulassen, erscheint auch mir manchmal anstrengend und ich werde konfrontiert mit dem unaufhörlichen Lernprozess.

So lerne ich auf meinem Weg anhand einer einfachen Meditation mir bewusst zuzusprechen:

„Ich bin bereit, die beste Version von mir selber zu sein. Ich entscheide mich heute für mich und meinen Weg des Herzens zu gehen und ich entscheide mich heute für Leichtigkeit, für Freude und Gesundheit. Ich entscheide mich heute für Liebe." Danach stelle ich mir vor, dass nicht nur mein Mund mitgesprochen hat, sondern jede Faser, jedes Organ, jede Zelle in meinem Körper vor Freude Purzelbäume schlagen, meine Haare, die Knochen, das Gewebe, alle Nerven und Muskeln, die mich ausmachen und mich in meinem Vorhaben nach ihrem besten Willen begleiten. Dabei danke ich aus tiefstem Herzen."

Apropos Danken: Ich bin katholisch erzogen worden, und musste wöchentlich entweder am Samstag oder Sonntag zur Kirche. Dazu meinte meine Mutter: „Du musst einmal in der Woche Danke sagen und erneut um weiteren Schutz bitten, dass der liebe Gott schaut, dass es dir gut geht".

Das hat sich in unserer Gesellschaft radikal verändert und jeder pickt sich heraus, was passend und stimmig ist. Diese Rituale wurden in den Hintergrund gedrängt.

Ich denke die heutige spirituelle Form ist etwas verstreuter, da „Newspirit", eben neue Wörter für unsere Geisteshaltung, wie Pilze aus dem Boden sprießen und uns imponieren – oder nicht.

Eine gesunde, „positive" (dieses Wort ist für mich etwas abgelutscht) Einstellung unseres Geistes ist ein wundervoller Nährboden für den Humor. Wenn wir diese für uns stimmige Geisteshaltung ERNST nehmen, findet so mancher heruntergefallene Samen wieder Halt, Kraft, und Aufstehvermögen. Schaffen wir uns Inseln der Rituale, welche unserem gesamten menschlichen Dasein guttun. Für mich habe ich mein „Dankesbuch" zum Ritual geschaffen, indem ich mich täglich schriftlich bedanke für alles Mögliche. In dieser Energie der Dankbarkeit erfolgen oft überraschende Erlebnisse. Ich kann dies nur empfehlen, denn Dankbarkeit ist für mich die höchste Form der Liebe. Dankbarkeit soll wie ein „Vergissmeinnicht" am Wegrand dir zublühen.

Vier mal „F"

Wen kenne ich in meinem Leben? Vier „F", welche mit dem Anfangsbuchstaben „F" beginnen. Mit allen FAN's und FREUNDEN, die mir gut tun, verbringe ich meine Zeit.

Doch lernen … tu ich am meisten mit meinen Feinden und Flöhen. Während der Kriegszeit wurden einige Menschen von Flöhen und Wanzen heimgesucht. So mussten sich die Menschen gegenseitig kratzen – sprich aufeinander zugehen und einander berühren. Mit welcher Kategorie Mensch wir unterwegs sein wollen, entscheiden wir selbst. So sollten wir uns fragen: Wer tut uns gut?

Mein 40. Geburtstag in Australien

Meinen runden Geburtstag wollte ich mit meiner Familie in Australien verbringen. Das heißt, ich musste ein Urlaubsgesuch für meine schulpflichtigen Kinder beantragen. Unsere Tochter war im ersten Progymnasium und unser Sohn in der 5. Primarschule. 2 Wochen beantragten wir, vor und nach den offiziellen Skiferien im Februar. Es wurde bewilligt.

An meinem Geburtstag befanden wir uns in Cairns/Queensland und suchten uns ein schönes Restaurant aus. Alles wunderbar – und plötzlich feierte eine Hochzeitsgesellschaft im selben Restaurant eine Hochzeit. Ich teilte meiner Familie mit, dass ich zum Brautpaar hingehen würde (ich konnte zu diesem Zeitpunkt als einzige englisch sprechen, um ein „Beweisfoto" zu knipsen). *(Ich muss erwähnen, dass ich beim Urlaubsgesuch in den beiden Schulen eine Hochzeitsfeier mogelte, statt meinen Geburtstag. Ich erachtete dies als Notlüge, denn Kinder, die vor dem Schulzimmer lernen dürfen, lernen mit unbändiger und großer Freude. Die Interessen werden geweckt und lernen vor Ort mit einer angeborenen Neugierde. Wahrscheinlich haben wir das Reisefieber vor allem in unserer Tochter geweckt, die schon x-fach für mehrere Monate in der ganzen Welt mit ihren jungen Jahren unterwegs war).*

Meine Tochter intervenierte bei meinem Vorschlag und wollte auf gar keinen Fall mit fremden Leuten ein Foto kreieren. Eine peinliche Mutter – welche durch den feinen weißen Wein etwas angeheitert war – reichte in dem Moment der Jungmannschaft voll aus.

Basler Äffli

Während dieser einmonatigen Ferienreise trafen wir in verschiedenen Reisegruppen auf andersartige Menschen – unter anderem Schweizer. Ein ehemaliger Regierungsrat aus dem Kanton Zürich befand sich in der Reisegruppe auf Tasmanien. Während einem Abendessen mit ihm am Tische sitzend, gab ich folgenden Witz zu meinem Besten:

S'isch emol e glai Äffli gsi wo zumen klaine Veggeli kho isch. S'klaine Äffli frogt s'Veggeli: „Wo gehnd ihr ahne in d' Ferie?" S'Veggeli meint: „Ah mi Mamme kha fliege, mi Pappe kha fliege, ih glaub mir fliege neime ahne". S'Äffli chunnt zumene klaine Fischli und frogt s klaine Fischli: „Wo gehnd ihr ahne in d'Ferie?" S'klaine Fischli sait: „Ah mi Mamme kha schwimme, mi Pappe kha schwimme, ich glaub mir schwimme neime ahne". Do chunnt s'Äffli zumene glaine Krokodil und frogt s'Krokodil: „Wo gehnd ihr ahne in d' Ferie?" S'Krokodil meint: „Mi Mamme het e großi Schnuure, mi Pappe het e großi Schnuure, ich glaub mir gehn uf Ziiri!"

Ja – ich weiß was das Schönste in Zürich ist – der Zug nach Basel. Denn schließlich, was sich liebt – neckt sich gerne.

Four Person Hörlemen

Bei 16 gebuchten Flügen in einem Monat verbrachte ich mit meiner Familie einige Stunden auf den Flughäfen. Während dem meinte unsere Tochter auf einmal, dass sie ja nie hoffe, dass wir ausgerufen würden und als Letzte in den Flieger springen müssten. So, wie es bei einem Herrn vor unseren Augen geschah.

Oh weh! Die Energie folgt der Aufmerksamkeit. So flogen wir von Cairns nach Brisbane und vergaßen, dass zwischen diesen beiden Orten eine Zeitverschiebung besteht. Bei der Ankunft in Brisbane stöberten wir in den Souvenirshops umher und wollten unsere übrigen australischen Dollar noch loswerden. Irgendwie weit, weit weg hörte ich aus dem Lautsprecher: „For person hörlemen". Der Anschlussflug von Brisbane nach Bangkok, also ein internationaler Flug, stand uns an diesem Tag noch bevor. Irgendwie ließ es mir keine Ruhe und ich grübelte die Boardingpässe aus meiner Tasche, schenkte der Abflugtafel einen Blick und die Sache war klar! „For person hörlemen", da sind wir gemeint. Wir bezahlten unsere ausgewählten Artikel und rannten wie die Wilden zum Gate, in den Händen unsere Einkäufe. Klar war es uns peinlich und wir wurden mit einigen bösen Blicken gewürdigt.

Als ich der Frau von Emil am 1. März 2013 ihr geschriebenes Buch (Ich bin fröhlich) zur Signierung hinhielt, hörte ich mich sagen: „Weißt du, in unserer Familie bin ich für die Pleiten, Pech und Pannen zuständig". Sie schrieb dann als Erinnerung: „Liebe P.P.P-Cornelia, ein wunderbarer Job, alle in der Familie mit den 3 P's immer wieder zum Lachen zu bringen. Herzlichst Niccel".

Diese P.P.P.'s gelingen mir oft und ich ent-ERNST-e sie mit meinem annehmenden Lächeln. Bestimmt lohnt es sich, schon am frühen morgen um die Blamagen, Pleiten, Pech und Pannen zu kümmern, damit diese für den Rest des Tages erledigt sind.

„Nina Reber het sie gheisse"

Unsere Tochter zog während ihres Studiums nach Bern in eine WG. Als ich bei ihr zum ersten Mal vor der Haustüre stand, stellte sich ebenso eine jüngere Dame neben mich, die soeben mit dem Fahrrad ankam. Sie trug ihren Fahrradhelm immer noch auf ihrem Kopf. Nach dem Knopfdruck zur Öffnung der Haustüre traten wir beide gleichzeitig in das Treppenhaus. Ich ließ die junge Dame vor. Ich musste bis in den 4. Stock Treppe steigen. Die junge Dame blieb ebenso vor derselben Türe stehen. Ich schaute sie genauer an und ich engagierte mich für eine Panne. „Oh du bist ja Nina Reber, die Tochter meines Lieblingsmusikers. Ich bin ein solch großer Fan." Die Türe zur Wohnung ging auf und meine Tochter sah neben mir Nina stehen. Meine Tochter begrüßte mich und kommandierte mich umgehend in ihr Schlaf- und Arbeitszimmer. „Mama, du bist einfach peinlich". Tja so bin ich eben und wusste natürlich nicht, dass die Mitbewohnerin unserer Tochter mit Nina Reber ihr Studium absolviert. Als wir in der Küche Kaffee tranken und Nina mit der Mitbewohnerin ebenso in die Küche trat, entschuldigte ich mich für meinen brüskierenden Auftritt. Bestimmt ist ihr so etwas nicht zum ersten Mal passiert und ein angenehmes Gespräch unter vier unterschiedlichen Frauen nahm seinen Lauf.

Schlafen im Zelt

Meine Freundin und ich feierten ungezwungene Ferientage im Tessin. Dass ich nochmals in meinem Alter, mit 54 Lenzen, in ein Zelt krieche, wer hätte das gedacht. Ich packte alles Nötige in mein Auto. Unter anderem einen Scheinwerfer, den mein Mann jeweils auf seinen Baustellen benötigt. Inmitten von „monströsen Campern" mit allem nötigen Luxus ausgestattet wie Licht, Kochherd, Sitzgelegenheit, Bett, saßen wir zwei im Oktober (bei schon etwas kühleren Nächten) vor unserem Brennspirituskocher, warteten auf unsere kochende Suppe und bemerkten, dass wir die Einzigen sind mit Zelt umgeben von Campern.

Am ersten Abend kroch ich ins Zelt, mit einem Scheinwerfer, der wunderbar das Zelt erhellte. So begann ich mich auszuziehen und mein Schlafkostüm zu montieren, bis ich meine Freundin hörte, die sich draußen kullerte vor Lachen. Nun ja, ich nicht studierend, dass dieses Scheinwerferlicht mit einfachster Kraft durch den Zeltstoff hindurch leuchtet und mich mit meinen Ausziehverrenkungen wunderbar in Szene setzt. Unsere Müdigkeit war kurzum verschwunden und wir malten uns wie kleine Teenager aus, was da draußen vor dem Zelt sich in den Vorstellungen der vorbeispazierenden Touristen wohl abgespielt hat und lachten uns in den Schlaf. Zum Glück wissen wir, dass Lachfalten im Gesicht bei keinem Chirurgen gekauft werden können.

Das schnellste Biker-Team

Einen Ausflug auf den Tamaro planten wir für den weiteren Ferientag. Gemütlich liefen wir einen Berg hoch zum Bergrestaurant. Plötzlich überholten uns Herren auf dem Bike. Der vordere sah etwas sportlicher aus als der hintere. Dieses Bild trifft auch bei meiner Begleiterin und mir zu. Am Steilhang lief meine Begleiterin voraus, dicht folgend dem vorderen Biker. Der hintere stieg von seinem Bike ab und lief den Berg hoch. Während ich ihn überholte, juckte es mich und ich musste eine Bemerkung fallen lassen. „Das macht wenig Spaß, wenn man seinen Drahtesel noch hochstoßen muss". Aus dem Munde dieses Mannes folgte kein hörbares freundliches Witzwörtchen. Meine Äußerung war klar keine Aufmunterung, noch eine Liebeserklärung. Oben angekommen, saßen beide Herren an einem Tisch in der Hütte. Ich schubste meine Begleiterin (die auf der Suche nach einem Mann ist), lief auf die beiden Männer zu und fragte sie, ob wir uns an diesen Tisch setzen dürfen. (Social-Distancing war hier noch nicht vonnöten.) Es entstand ein lockeres Gespräch. Alle vier berichteten ein wenig, und wir begaben uns als erste wieder nach draußen. Dort standen die beiden Bikes. Ich sagte zu meiner Begleiterin: „Hey, die Bikes sind nicht abgeschlossen. Komm, lass uns diese Bikes verstecken" (diese zu benutzen trauten wir uns nicht, denn es ging steil den Berg hinunter). Meine Begleiterin, lachend und leicht kopfschüttelnd: „Wenn dir einmal keine Dummheit mehr in den Sinn kommt", und griff nach dem zweiten Bike. Nun ja, viele Möglichkeiten, ein Bike zu verstecken auf einer Bergspitze, zeigten sich nicht.

Es sollte einfach die Gemüter erhöhen, wenn sie aus dem Restaurant kommen, und ihre Bikes nicht mehr sehen. So stellten wir sie ca. sechs Meter vom Ausgangsort hinter ein Bergfahrzeug und eilten davon. Natürlich schauten wir oft zurück, denn gesehen werden wollten wir nicht. Wir suchten uns unterhalb des Berges ein Versteck. Doch auch da schien das Verstecken schwierig, weil weder Büsche noch Bäume am Berghang wuchsen. Unterhalb eines Wegvorsprungs fanden wir einen Ort. In der heutigen Zeit der modernen bunten Bekleidungsindustrie standen wir da, mit hellgelber und lachsfarbener Jacke, und hörten die Biker kommen. Sie fanden uns und die erneute Begegnung war lustig, spaßig mit aufgepeppten Witzsätzen geprägt und freundlich gesinnt zugleich. Während unserem weiterführenden hinunterspazieren malten wir uns diesen Streich noch wilder aus. Vielleicht war da in unseren Hinterköpfen der Glaubenssatz hochgekommen „meh macht das nicht" (man tut so was nicht), der uns hemmte, einen „bösen" Streich zu spielen. Den Spaßfaktor hatten beide Seiten und die Humorlandschaft konnte dank meiner Spontanität bearbeitet werden.

Ich weiß, ich neige dazu, Menschen einfach anzuquatschen – dies ist kein Quatsch. Und schon so oft lerne ich dadurch wunderbare Menschen kennen und schätzen. Manchmal nehme ich meinen gesamten Mut, der in mir steckt, zusammen, um dem Gegenüber, der mich im Innern meines Herzens tief berührt hat, dies kundzutun. Ich lerne dabei, dass die Herzsprache von Mensch zu Mensch oftmals Wundersames hervorbringen kann. Egal, wer vor mir steht, egal seiner gesellschaftlichen, politischen oder hierarchischen Stellung, frage ich mich: Was hat mein Gegenüber mir voraus? Mit dieser Frage in meinem mentalen Kopfkino lasse ich ein Gespräch auf Augenhöhe sich entfalten. Verleihe meinem Gegenüber den nötigen wertungsfreien Respekt – so wie ich genau auch behandelt werden möchte.

Sind wir doch mal ERNST: Sitzt Queen oder King auf dem „Häfi-Ring", sind wir alle gleich (übersetzt: sitzt ein König auf dem WC-Ring – stinken, singen, tönen, tun wir alle das Gleiche!)

Blaue Blume im Haar

Morgens um 5.30 Uhr, treffe ich Patrizia zum Spazieren. Denn Morgenstund hat Gold im Mund an meinem Gedenktag der Geburt. Ich trage in meinen etwas längeren Haaren heute eine türkisfarbene Blume. Ich erzähle Patrizia folgende Geschichte, betreffend Blume im Haar:

Auf einer Durchfahrt ins Wallis besuche ich meine Schwester. Sie erzählte mir, dass meine Nichte im Kinderchor singt und abends einen Auftritt hat.

Es fühlte sich an, als ob ich dahin gerufen wurde. So begleitete ich meine Schwester. Als die Chorleiterin fragte, wer die Geschichte vom *Vogelliesi* kennt, streckte ich auf. Ich ging entschlossen nach vorne zum Mikrophon und erzählte im breiten Baseldeutsch die *Vogelliesi-Geschichte*. (Zufälligerweise/*Serendipity* machte ich mich schlau, weil ich einen Firmenevent auf dem Hahnenmoos oberhalb von Adelboden organisierte.) Meine Schwester blamierte sich, schämte sich fremd, und meinte nach diesem happening: „Die Chorleiterin stellte nur eine rhetorische Frage, um selber darauf zu antworten". Nun ja, die Berner Rhetorik muss ich demzufolge noch besser studieren, denn in diesem Moment galoppierte das Baslerrennpferd mit mir durch. (Vielleicht erachteten einige Zuschauer diesen Bühnenauftritt als ein Fettnäpfchen oder eine Panne, doch ich fühlte mich in dem Moment einfach gut – und gebe zu – ich liebe die Bühne.) Und wahrscheinlich wird mich meine Schwester nicht mehr spontan zu einem öffentlichen Auftritt einladen. Sicher nicht, wenn ich mit Blume abnormal bunt daherkomme.

Offene Küche trifft auf Harpune

Nubia heiratete auf einer Insel in Griechenland ihren geliebten Griechen. Mit anderen Gästen befanden wir uns in einem kleinen, wundervollen Hotel. Der Strand und das Meer waren traumhaft in den türkis schimmernden Farben. Irgendwie hatte ich Lust auf FKK, doch es hatte am Strand tagsüber zu viele Gäste. So entschied ich, mit Susi am frühen Morgen mit Taucherbrille in dieser traumhaften Bucht schnorcheln zu gehen. Wir waren die einzigen, welche diese Idee hatten und liefen bis ans Ende der Bucht, so dass wir fern von Beobachtern waren. Das Wasser herrlich warm und klar.

Die einzigartigen Fische, Quallen und sonstigen Lebewesen inspirierten uns, sicher eine Stunde diese Ecke der Insel auszukundschaften. Plötzlich war Susi aufrecht und bewegte ihre Beine, damit sie nicht unterging und wollte mir etwas sagen/zeigen/deuten. Ich tat es ihr gleich, und meine Beine am Körper prima befestigt, bewegten sich ruhig hin und her. Dieses freie Körpergefühl war einfach großartig, bequem ohne Badeanzug, null beklemmendes Gefühl am Körper. Susi lachte und teilte mir mit, dass da etwa 5–7 m weiter unten ein Mann mit Harpune auf Fischfang sei und wir zwei ihm großzügig Naturkostüm – „unsere offene Küche" – präsentierten. Wir lachten dermaßen, so dass wir dieses Experiment beendeten und zurück zum Strand schwammen, denn lachend schnorcheln funktioniert tatsächlich nicht … nur innerlich lächeln.

Elena und Krystyna

Tu etwas „Ver-rücktes"! Meine beiden Schwestern haben am gleichen Tag Geburtstag, sind jedoch genau ein Jahr auseinander geboren. Nun, nach dem Tod unserer Mutter, war es für beide eher schwierig, unter der Woche miteinander zu feiern. Die Wohndistanzen zwischen Bern, Basel und Schaffhausen waren nicht klein, um spontan schnell vorbeizugehen. Um 19 Uhr rief mich die mittlere Schwester an und fragte, ob ich Lust habe, mit ihr nach Bern zu fahren, um die kleinere Schwester zu überraschen. Wir trafen uns eine Stunde später in der Region Basel und trafen gegen 20.30 Uhr in Bern ein. Dieser unerwartete Auftritt war grandios und rührte alle 3 zu herzhaften Tränen. „Nei die zwei sind nid suber", hörten wir unsere kleine Schwester posaunen. Und die zahlreichen Frauen an ihrem Tisch waren ebenso gerührt.

Aus diesem Grund wünschte sich Tilly, eine Freundin von meiner Schwester, ein Treffen mit uns „drei Schwestern". Doch Tilly wurde von meiner Schwester vertröstet und teilte ihr mit, dass dies unmöglich vereinbar sei und dieser Wunsch unrealistisch. Nun wer uns kennt, wir drei Sisters sind Wuncherfüllerinnen. An einem Nachmittag hat unsere Schwester Tilly zu besonderem Kaffee und Kuchen mit Wellnessprogramm eingeladen. (Erneut sind wir, die mittlere Schwester und ich, nach Bern gefahren. Diesmal in geheimer Mission für Tilly.) Oh weia! Elena und Krystyna sind dank blonder, langhaariger Perücke und Schminkutensilien sowie weißen Hemden zu „perfekt gestylten Kosmetikerinnen" mutiert. Tilly ist eingetroffen. Schon beim Verkleiden und Bereitmachen strapazierten wir unsere Lachmuskeln wie blöde. Wohl verstanden, wir haben so etwas noch nie gemacht. Es war eine Premiere. Um die Ecke versteckt im Flur standen Elena und Krystyna auf der Teppichtreppe und plötzlich fiel Krystyna hin und rutschte die Treffe hinunter vor die Füsse von Tilly. Krystyna versuchte, sich an Elena festzuhalten, doch die Schwerkraft war stärker und der Hemdsärmel bekam einen langen Riss. Krystyna am Boden, Elena beschäftigt mit dem zerrissenen Hemdärmel. So lachten wir eine gefühlte Stunde und Tilly erkannte die drei „Ruckli-Sisters" und wusste, dieser Nachmittag wird von der ersten Minute an unvergesslich. Als ob Tilly den besten Witz der Welt erzählt bekam, schrie, lachte, weinte, lachte sie im Chor mit Krystyna und Elena. Das Wellnessprogramm für Hände und Füsse war wohltuend und bestimmt einzigartig, doch wie so ein Sahnehäubchen obendrauf, weil der spontane besondere Auftritt am Anfang erstklassig gesegnet war. Es braucht grundsätzlich nicht viel, doch mit einer gehörigen Prise Liebe, Kreativität, Spontanität, Be-GEIST-erung und Frohsinn, würde ich behaupten, wird jede Lebenssituation auf der Lebensbühne einmalig. Erlange Mut, es zu tun, denn Spuren solcher Begegnungen kommen niemals unter einen Radiergummi.

Gerardo, mein Liebhaber

Im Winter 2018 feierten meine Schwiegereltern ihren 60. Hochzeitstag. Wir waren unter uns und die Tafelrunde der Familie ordentlich groß. Nach dem Hauptgang hüpfte ich zur Toilette und verkleidete mich innert Kürze zu einer Superwoman-Liebesanbeterin. Meine Verkleidung allein ergab ein besonderes Bild. Mit blonder Perücke, dick rot angemalten Lippen, mit Schminkstiften malte ich mir grün/schwarze Augen, rosa Blüsli, welches extra weit in mein Busengrübchen blicken ließ, schwarze Stiefel und kurzer Minijupe (der meiner Tochter gar nicht gefällt, der jedoch einen besonders einzigartigen Tragkomfort besitzt). Ich trat in den Raum (in solchen verkleideten anderen Rollen fühle ich mich völlig ausgelassen und beflügelt) und steuerte auf meinen Schwiegervater zu. Ich fiel ihm – meinem Liebhaber – um den Hals mit den Worten: „Oh mini Liebi Scherardo, bini äxtra cho vo Italia an das fantastico Fescht um dich zgratuliere. Nid immer telefoniere – han i di wieder emol welle gseh und du mir dini vier schöne Buebeli zeige". (übersetzt: Oh mein lieber Gerardo, bin extra von Italien gekommen, um dir zu diesem fantastischen Fest zu gratulieren. Nicht immer nur Telefonieren – ich wollte dich wieder einmal sehen und du mir jetzt deine vier schönen Buben zeigen kannst.) Meine Schwiegermutter erkannte mich zu Beginn nicht und schenkte mir einen dementsprechenden „ernsthaften, fragwürdigen" Blick. Dabei musste ich aufpassen, dass ich in der mir aufgebrummten Rolle drinblieb und mein Lachen zügeln konnte. Alle vier Söhne begrüsste ich mit einer herzlichen Umarmung und fragte sie nach ihren Namen. Die lautstarken Lachorgien hätte ganz Basel hören können. Der Auftritt war kurz und bestimmt unvergesslich!

Als ich anschliessend an den Tisch zurückkehrte, meinte meine Tischnachbarin: „Du jetzt hesch öbis verpasst, sisch eini do gsi" (übersetzt, „du jetzt hast du etwas verpasst, es war eine da"). Und ich weiß bis heute nicht, ob sie das tatsächlich „ERNST" meinte. Doch dadurch fiel ich in ein verzücktes, nicht mehr anhaltendes Lachen.

Keine Angst! – Ich bin nicht ver-rückt, sondern zähle mich zu den Verhaltensoriginalen.

Was bin ich?

Ganz nach dem Motto „Was bin ich?", genannt nach der Fernsehsendung aus Kindheitserinnerungen, indem nur Fragen gestellt werden dürfen, welche mit „ja" oder „nein" beantwortet werden durften.

Auf der Schifffahrt von Ushuaia (Argentinien) via Cape Horn nach Punta Arenas (Chile) trafen sich vor dem ersten Abendessen alle Passagiere an Bord zu einem Apéro. Ich entdeckte am Tischchen nebenan ein etwas jüngeres Pärchen in etwa in unserem Alter und hob beim Anstossen mein Glas und prostete dem Herrn zu. „For having a good time!" „Yes", hörte ich ihn sagen. Meine innere Neugier wuchs an und ich fragte in dieselbe Richtung: „Where do you come from?". „Switzerland", sagte er und ich begann zu lachen. Und sagte: „In dem Fall können wir das Gespräch in Schweizerdeutsch fortführen". Drei Tage hatten wir jetzt Zeit, uns näher kennen zu lernen. Beim Nachtessen wurden wir am Tisch bereits so eingeteilt, dass wir zusammen saßen. Ich erkundigte mich, ob sie sich an die Fernsehsendung „Was bin ich?" mit Robert Lembkes „heiterem Beruferaten" erinnern können *(warum auch immer mir dies in dem Moment in den Sinn kam, Serendipity)*. Beide erinnerten sich. „Na, welches Schweinchen hättens denn gerne?", war damals Robert Lembkes Frage. Der Befragte musste zu Beginn ebenso aus seinem Beruf eine typische Handbewegung preisgeben und das Ratespiel konnte beginnen. Während beinahe 2 Tagen wurden im Wechsel der Anwesenden befragt, geraten, gelacht und wir amüsierten uns köstlich. Nach den Namen konnte nicht gegoogelt werden, da es an Bord kein „WLAN" gab. So waren wir auf uns gerichtet, was vor allem in den Ferien wohlwollend guttat.

Derartige Fragespiele, wie habe ich diese als Kind stundenlang geliebt. So spielten wir in Verwandtschaftsgruppen ein ähnliches Spiel. Auf Klebeetiketten schrieb jemand einen Namen von einem Prominenten auf wie „Geissenpeter", „Beni Thurnherr", „Berhard Russi", „Lilo Pulver". Und derjenige musste so fragen, dass das Publikum nur mit Ja und Nein antworten durfte. Es war jeweils ein Riesengaudi. Die jüngere Generation und die ältere Generation mütterlicherseits traf sich jährlich zum legendären Jahrzeit-Gedenktag der Verstor-

111

benen. Es stand im Zeichen des miteinander Essen, Trinken, Spielen und einfach Berichten.

Genau solche Spiele rücken mit der modernen Digitalisierung in den Hintergrund. Es kommt mir vor, die junge Generation trifft sich und jede/jeder hat ein Handy in der Hand und unterhält sich darüber, was im digitalen Netz zu finden und bewerten ist. Ob dieses Miteinander glorreich ist? Während des Schreibens bin ich dankbar, die andere frohe Zeit ohne Handy erlebt zu haben. Klar war ich damals die Spielanimatorin, um die Menschen zu unvergesslichen Stunden hinzuführen. Bei neuen Begegnungen sind Überraschungsmomente irgendwie heilend und verfügen über eine Wertungsfreiheit. So kann dort Humor trainiert werden – denn der erste Eindruck einer humorvollen Person bleibt hängen.

Oft stellen wir als erste Frage beim Zusammentreffen zwei sich fremder Menschen: Was machst du? (beinhaltet meist den Beruf oder die Arbeit)

Sollte die Frage nicht optimaler heißen:

Wer bist du? Das fordert die Gesprächspartner heraus, aus sich herauszukommen, und von sich und seinen Talenten und Fähigkeiten zu sprechen. Neue Erfahrungen angehen, beflügeln.

Sumsimitpo kommt in mein Leben

Mit meiner Tochter vereinbare ich einen Streifzug durch eine von ihr neue entdeckte Brockenstube. Sie liebt diese Orte und durchforscht gerne alles, was es dort gibt. Ja, es duftet dort speziell und die Menschen sammeln unglaubliche Dinge und verkaufen diese wieder. Es kommt mir vor, als ob der Nachwelt einige „Schätze" gezeigt werden möchten. Ich bin erstaunt, wie viele unterschiedliche Menschen auf der Suche sind, nach noch Brauchbarem oder Benötigtem. Meine Tochter fand ihr Gewünschtes und erwarb für sehr wenig Geld gebrauchte Glas- statt Plastikweihnachtskugeln.

Ich stöberte für mich durch diese Vielfalt, benötige nichts, habe schon alles. In dieser Brockenstube kann man schnell mal die Zeit vergessen und ich bemerkte, dass zu Beginn meine Schritte klein waren und ich mich irgendwie zurechtfinden musste, um dem Gebrauchten und eher Schmuddeligen zu begegnen. Die Düfte und Gerüche knüpften an meine Kindheit an, wo manchmal Schwermut, Wehmut und Armut daran gebunden war. In meiner Kindheit war es nicht immer leicht, die Grenzerfahrung von Armut und Reichtum anzunehmen. Die meisten meiner Freundinnen lebten in einem Einfamilienhaus und wir als 6-köpfige Familie in einem Zweifamilienhaus, wo meine Eltern zur Miete waren.

Ich trug meistens die Kleider von den Töchtern des Chefs meines Vaters. Selten bis nie erhielt ich etwas Neues, denn dazu reichte das Geld nicht. Mit ca. 12 Jahren erhielt ich meine erste Jeanshose, mit überaus langen Beinen, damit ich diese möglichst lange tragen und damit groß werden konnte. Wohl verstanden, diese Hose war keine Markenjeans, doch wenigstens Jeans und nicht immer Stoffhosen, die kratzten und einen eher unangenehmen Tragkomfort hatten. Endlich gehörte ich dazu.

Mit den meisten Spielsachen war es genau gleich. Gebrauchte Spielmaterialien haben zu uns gefunden. So besaßen wir auch ein Theatergestell, um mit diesen Handpuppen uns skurrilste Fantasiegeschichten zu erzählen. Dank dieser Handpuppen gelang es uns, jede Grenze zu überschreiten. Im Theater der Imagination ist alles erlaubt. Tatsächlich entdeckte ich in dieser Brockenstube eine komplette *Handpuppenfigurensammlung* mit Großmutter, König, Königin, Kasperli, Frosch und Großvater. Da sie alle einzeln angeschrieben waren, entschloss ich mich für die Kasperlifigur. In meinen und in den gehörten Geschichten gelang es dem „Kasperli" immer, Lösungen herbeizuführen. Er war Retter in der Not oder stand als Vermittler zur Verfügung. Ab und zu war er auch Klugscheißer. Doch sehr oft auch einfach Helfer.

Heute bin ich erwachsen und ja, kein Kind mehr. Jedoch meinem inneren Kind biete ich Raum, sich zu entfalten und aufzublühen. Damit ich von meiner Kinderzeit einen Unterschied erzeuge, nenne ich mein Kasperli ab heute Sumsimitpo.

Sei gespannt, wenn in deinem Leben ein Sumsimitpo daherkommt, oder halte ab jetzt Ausschau nach ihm. Er oder sie haust bereits unter uns oder ist dir näher, als du denkst.

Am diesjährigen Geburtstag unseres Sohnes kamen wegen Corona einfach seine zwei besten Freunde zum Abendessen. Nach dem ersten *Brändy Dog-Spiel (Brettspiel)l*, fragte ich die beiden Jungs, ob jemand den Sumsimitpo kennt. Alle schauten mich etwas dreist an und schüttelten den Kopf. Mein Sohn wusste, was jetzt kommt und begann zu lachen. Seine Kumpels warfen hilfesuchende Blicke zu ihm. Nun, die beiden Freunde kennen mich und meine ART, so führte ich ihnen unser neues Familienmitglied vor: „Sumsimitpo". Durch das Anziehen dieser Handpuppe wechselte ich ebenso in die deutsche bayrische Sprache. Die Blicke der beiden Kumpels bewegten sich zwischen Puppe und mir hin und her. Irgendwie ein Moment der Faszination, des Erstauntseins, des Unwissens, was jetzt geschieht. Anständiges Lächeln erfolgte und nach ein paar Vorstellungsworten von Sumsimitpo löste ich das Rätsel auf und bat die beiden Jünglinge, den Namen einfach mal rückwärts zu lesen. Jetzt begann die Lachorgie. Jetzt kamen die lustigsten Worte von Betonung und Buchstabenzusammensetzung daher. „Opissmuuus" und so weiter, bis einer das Handy nahm und Sumsimitpo aufschrieb. Doch nicht alle cleveren Spatzen erwischen den sofortigen Witz hinter diesem „Sumsimitpo".

Ein liebevoller Begleiter als Sumsimitpo zu haben, lohnt sich. Egal wie oder was dein Sumsimitpo ist, doch auf jeden

Fall gern gesehen und tut deiner inneren Atmosphäre prima. Denn Optimismus steht in keinem Ladengestell zu kaufen, sondern präsentiert deine innere Haltung nach außen. Ich fühle mich enorm dankbar, dass mein Sumsimitpo den Weg zu mir gefunden hat. Viele Geschichten und Erfahrungen werden uns mehr und mehr zusammenschweißen.

Serendipity
(=glücklicher Zufall)
Ein
Lächeln
ist ein Geschenk,
das sich jeder leisten
kann. *(Elfchen!)*

Serendipity – etwas kommt zu Dir, obwohl du es nicht gesucht hast.

Wer nicht sucht, der findet. Gedanklich und doch unbewusst um eine Lösungsfindung gebeten und plötzlich in Gang gesetzt.

„Gott Du führst mich den Weg zum Leben und in Deiner Nähe hört die Freude nie auf."
Psalm 16,11

Aus einem meiner unzähligen Schreibbüchern mit dem Titel „Vergissmeinnicht" sammeln sich wichtige Notizen. Plötzlich fällt eine Visitenkarte aus dem Buch mit diesem oben geschriebenen Psalm.

Egal wie du die Kraft in dir nennen willst, Gott, das Universum, Energie, völlig egal. Doch sie führt und leitet dich, wenn du um Führung bittest und in steter Dankbarkeit des Weges gehst. Im Wissen, dass kein Vogel draussen in der freien Natur im Voraus fressen oder Luft atmen kann, um zu überleben, zeigt mir dieses Bild eindeutig: Vertraue, lebe im

JETZT, vertraue in das JETZT. Alles wird sich offenbaren. Diese Zeichen, mit einem solch ehrwürdigen Psalm – ohne diesen gesucht zu haben, sondern einfach *vom Himmel* zugeschickt bekommen, erfüllt und bereichert meine Arbeit für das Wohl aller Menschen aus tiefstem Herzen. Meine Botschaft an Euch: Folgt euren *Serendipity* – vertraut, mit Achtsamkeit und Wachheit.

Am 1. November 2020 begann ich mein Monatsprojekt, in 30 Tagen dieses Buch zu schreiben. Die geistige Welt stupste mich nach fünf Jahren regelrecht an. Als ich im Oktober ein Medium aufsuchte und diese Frau mir mitteilte, dass die Welt auf meine *Botschaft* wartet, habe ich endlich diese *Geburt* über mehrere Tage in Gang gesetzt. Der verstorbenen Person, welche zu mir durch das Medium sprach, erzählte ich vor einiger Zeit, dass ich *denke,* eines Tages ein Buch zu schreiben. JETZT im November 2020 ist der richtige Monat, um es wahr werden zu lassen. Schließlich steht die verstorbene Person hinter mir, falls ich ihn brauche. Danke, mein Lieber. Den Helfern aus der geistigen Welt gebührt ein herzliches DANKEschön. Ihr wart absolut grandios. So viele Geschichten flossen durch meine Hände in dieses Buch. Ihr habt mir geholfen, zusammenzutragen, mich neu zu erinnern und aufzuschreiben.

Aufgabenhilfe am Samstagabend

Ein Frauenabend mit Tanzen ist angesagt. Verschiedene Dancefloors gab es in dieser Bar. Wir hüpften von da nach dort und hatten es unter uns enorm lustig. Bis zu dem Zeitpunkt, wo ein junger Mann, der mein Sohn hätte sein können, sich an mich heranmachte und mich von der Seite antanzte. Ich wollte befreit, fröhlich Tanzen, doch er war etwas angetrunken und war mit etwas anderen Absichten unterwegs als ich. Nun ja – ich stellte ihm eine direkte, delikate Frage, „ob er eine Mutti suche, die ihm hilft bei den Aufgaben!" Ui, das kam nicht gut an, denn mit seinem Bierglas in der Hand machte er eine Vorwärtsbewegung und übergoss mich damit. Mein Spaß war zu Ende. Nun ja, Aktion gleich Reaktion – hätte ich besser wissen müssen.

David erzählte mir einmal, dass er sich geschmeichelt fühlte, als eine jüngere Frau ihn in einer Bar aufsuchte, und als er genau dieselbe Frage stellte „suchst du jemanden, der dir bei den Aufgaben hilft?", wurde er angelächelt. Doch bei einer Frau, welche diese Frage an einen Jüngling stellt – nimmt sich der Mann das Recht, impulsiver zu reagieren.

You don't have to be intelligent

Am letzten Abend während der Schifffahrt nach Punta Arenas, lud ich Leute im Aufenthaltsraum ein, mit uns den „Säulijass" zu spielen. „You don't have to be intelligent", lautete meine Ansage. Mit ca. 7-8 Mitspielern wird es so richtig lustig. Ein australisches Ehepaar befand sich auch auf dieser Reise und ich kam mit ihnen ins Gespräch. Irgendwie stimmte die Chemie zwischen uns und ich bat sie mit uns einfach mitzuspielen. Sie motivierte ihren Mann, ebenfalls mitzumachen mit meinem Satz: „You know, you don't have to be intelligent". Mit meinem unperfekten, jedoch freudvollen Englisch versuchte ich, die *schweizerdeutschen* Redewendungen, welche es für dieses Spiel benötigte, zu erklären und sagte am Schluss einfach, „mach es mir nach und sei achtsam, was in der Mitte abläuft, damit du keine Viertelsau wirst". Während des Spiels *ablege, übereschiebe, ufnäh* (niederlegen, hinüberschieben, aufnehmen) meinte der Mann der Australierin: „Du musst dich überhaupt nicht auf die Karten konzentrieren, sondern nur darauf, was da ausserhalb der Karten abgeht – eben kuck in die Mitte." Seine Frau kam ins Straucheln. „Wenn ich nur in die Mitte kucke, passen wenn möglich die genau wichtigen Karten an mir vorbei – das will ich nicht!" Wir amüsierten uns köstlich. Es wurden besondere und neue Spielregeln an dem Abend angerichtet. Der Spaß und die Lacher waren unzählig. Die Körperzellen erfreuten sich über die Endorphine-Ausschüttung (Endorphine sind körpereigene Hormone, welche unser Körper selber produziert. Da wir diese nicht über die Nahrung aufnehmen, sondern zum Beispiel, wenn wir 20 Sekunden berührt werden, schüttet sie der Körper vermehrt aus.) So erklärt sich genau dieses Spiel als hervorragend, denn wenn jemand plötzlich 4 *gleiche* Karten, wie 4 Damen oder 4 Könige in den Händen hält, legt er als erster seine Hand in die Mitte und alle sollten dieser Handlung folgen und ihre Hand auf sein Hand legen. Eben die Berührung führt zur Glückshormon-Ausschüttung in unserem Gehirn und wir fühlen uns glücklich. Der Cocktail des Dopamins und Serotonins schmeckte für alle hervorragend und bleibt unvergesslich.

Elias, ein norwegischer Freund

Aus beruflicher Notwendigkeit musste mein Mann genau in diesem Pandemie-Jahr nach Norwegen reisen. Ich begleitete ihn und kurz vor unserer Abreise kontaktierte ich den bekannten Elias, der im Süden von Norwegen zuhause ist.

Da wir uns spontan auf diese Reise begaben, war ein Besuch bei ihm oder ein Treffen in Oslo kaum möglich. Mein Versprechen, ihn im Norden zu besuchen, schien mir aussichtslos, da Oslo nur für den nächsten Transferflug angeflogen wurde. Trotzdem ließ ich Elias wissen, dass ich in dieses für mich unbekannte Land einreise. Innert weniger Stunden erhielt ich eine Antwort auf meine E-Mail. Elias ist oben im Norden von Norwegen in den Ferien, zur gleichen Zeit wie ich es bin. Was für ein Glücksfall.

In den frühen Morgenstunden fuhren wir mit der Fähre von Bodø zu den Lofoten. Zuallererst kletterten wir die 1700 Treppen hoch auf den Berg „Reinebringen". Oben angekommen ruft mich Elias an, der zu diesem Zeitpunkt in den Ferien auf den Lofoten war und mich fragte, „Bist du schon oben?" Ich bejahte und er fragte mich, „Trägst du eine rote Jacke?" Ich war völlig platt. Woher wusste er das? „Wink mir doch mal zu." Ich begann zu winken und ich höre immer noch am Telefon seine Stimme: „JA, ich sehe dich!" Dieser Moment war magisch. Er sah mich durch sein Fernglas, denn unterhalb des Berges Reinebringen war er in einem Ferienhaus stationiert, was ich zuvor nicht wusste. Ein Wiedersehen danach war somit überraschenderweise an diesem Morgen – unprogrammiert – möglich. Ohne suchen finden. Was für ein Geschenk. Serendipity lässt grüssen. DANKE Elias!

Davon lerne ich, Vorausahnungen, die hochkommen, Folge zu leisten. Mit meinem Verstand hätte ich die Wahrscheinlichkeit ausgeräumt, ihm mitzuteilen, dass ich zig Kilometer von ihm entfernt Ferien mache. Doch eine innere, unzerpflückte Kraft war stärker und hat gewonnen.

Hilflosigkeit, begleitet von einigen Fragen

Nach meinem 40. Geburtstag suchte mich die Frage heim: „War's das?" Als Mama von bald erwachsenen Kindern, Eigenheim plus Ferienhaus, eigenes Auto, hätte ich allen Grund gehabt, glücklich und unbeschwert durch die Welt zu gehen. Ich bin einem Klischee gefolgt, das hieß, ich will es Mal besser haben und anders machen als meine Eltern. Unseren Kindern wollen wir was bieten und ich arbeitete „ernsthaftig" mit meinem Mann auf diese Ziele hin. In meinem Innern wucherte zunehmend eine Leere, denn Materielles konnte meine Leere nicht füllen. Dass materieller Wohlstand sich angenehm anfühlt, ist außer Frage. Wohlstand definiert jeder Mensch auf seine Weise. Mein innerer Schwamm der wahren Geheimnisse und versteckten Wünsche wurde ausgetrocknet. Eine besondere, andere Nahrung benötigt meine Seele. Ich würde dieses Schwanken besonderer Gefühle Midlife-Krise bezeichnen. Ich würde behaupten, jeder Mensch wandert in Phasen seines Lebens durch einen solchen Garten, indem mehr Unkraut und Dschungel sind, statt blühende bunte Blumen, Schmetterlinge und eine Vielfalt von herrlichen Düften.

Bewusstseinserweiterung, Persönlichkeitsentwicklung, Sinnfindung – neue Wörter erreichten meinen Geist. Was diese Worte bedeuten, wusste ich bis zu diesem Zeitpunkt nicht. Sie hörten sich spannend und interessant an. Aus diesem Grund folgen zahlreiche Weiterbildungen, um meinen täglichen Lernprozess auszuweiten. Heute gelingt es mir, diese drei genannten Begriffe (Bewusstseinserweiterung, Persönlichkeitsentwicklung und Sinnfindung) zu „ent-ERNSTen" und ich würde sie kurz und bündig wie folgt nennen:

„Lebe DEIN Leben."

Nicht mehr und nicht weniger. Löse dich frei von jeglichen Erwartungen von anderen Menschen an dich und tu das, was DU willst und nicht das, was jemand von dir erwartet. Oder weil „man" es jahrelang so getan hat, muss es so weitergeführt werden.

„Wir müssen lernen, uns selber beim Denken zuzuhören. Wenn das jeder macht, wird die Welt mit jeder Generation ein Stück heiler". (schreibt Christina von Dreien)

Pippi oder Annika?

Die meisten kennen sie die Figur *Pippilotta Viktualia Rollgardina Pfefferminz Efraimstochter Langstrumpf*. Hast du Pippi auch für ihre Abenteuerlust geliebt, dich über ihre verrückten Ideen kaputtgelacht und sie für ihre freche Art bewundert?

Und hast du im Geheimen auch davon geträumt, etwas weniger wie Annika und etwas mehr wie Pippi zu sein? *Kreiere deine Welt, wie sie dir gefällt!* Sich die Welt so zu gestalten, wie sie einem gefällt, auch noch nach 70 Jahren „Pippi-Zeit", wohl immer noch das Schwerste, was es im Leben gibt.

Meistens findet mein Geburtstag vor oder nach der Fasnacht statt. An meinem 54. Geburtstag empfing ich meine Gäste im Pippi Langstrumpf-Outfit. Volle Verkleidung, mit roten Haaren, die rausstehen, kariertes Oberteil, unterschiedliche Strümpfe, mit schwarzen, viel zu großen Schuhen. Es ist reizvoll, in die Rolle der Pippi zu schlüpfen, um so vom geregelten Alltag Abstand zu gewinnen. Automatisch öffnete sich mir ein neuer Blickwinkel und ich sah meine geladenen Frauen plötzlich facettenreicher, witziger, interessanter und die Zeit des Austausches eilte viel zu schnell vorbei.

Die Unbeschwertheit und Unbekümmertheit praktizierte ich als heranwachsendes Kind außerhalb der Schulzeit. Die intensivste Zeit galt den alljährlichen Sommerferien. Zwei Monate besuchte meine Freundin aus Italien ihre Großeltern, welche unsere direkten Nachbarn waren. Wir loteten unsere Grenzen aus und strapazierten oft die Nerven unserer Eltern. Mit ihr wagte ich Pippi zu sein, doch sobald sie abgereist war, mutierte ich zur eher braven Annika.

Annikas bin ich vielen begegnet und weiß, dass in jeder Frau ne „Pippi Langstrumpf" versteckt ist. Manchmal frech, klar in der An- und Aussage, sagt was sie will, und nicht was die anderen von ihr erwarten, lebt ihr Leben wie es ihr gefällt und erlangt darin viel Lebensfreude und Lebenslust. Wie oft sagte Annika: „Das darf man nicht!", „Das sollte man besser sein lassen!" Ja, wer hat sich so viel Recht eingeräumt, zu sagen, was richtig oder falsch ist? Würde in die heutige Zeit nicht ein „Sowohl als auch" mehr Aussagekraft geben als „Richtig oder Falsch"? In der Villa Kunterbunt gab es keine Verbote und nichts war unmöglich. Fehler waren erlaubt – ja sogar willkommen – und 120-prozentige Genauigkeit das Langweiligste, was es gab.

Und wir haben die Gehorsamkeit höflich übernommen von unseren Müttern und für wahr empfunden, weil die Pippi nicht im Haus nebenan wohnte. JA, so isses!

Wir Kinder von damals haben uns verändert, vor allem aber angepasst, um nicht aus dem Rahmen zu fallen. Eben waren wir das kleine, manchmal wilde Mädchen. Und dann kämpfen wir uns jahrelang als zuverlässige Liebhaberinnen und Arbeitsbienen durch unser Leben. Wir wollen gut sein, unsere Aufgaben erfüllen und an unserer Karriere und Familie basteln. Unser Leben ist ausgefüllt und es bleibt kaum Zeit, etwas Neues auszuprobieren oder zu spielen.

Stopp, keine Zeit für Fehler, Stopp, kein Platz für Umwege, Stopp, bitte keine Versuche!

Wir verplanen unsere Tage und zwängen uns in straffe Businesskostüme, die uns weder stehen, noch passen. (Über Jahre ließ ich mich auf das „Kostümtragen" ein, doch diese Art von Verkleidung war definitiv nicht ich und verlor mit jedem Mal anziehen an Reiz und Wohlbefinden.)

Am Ende der Nacht … spürten sich meine Gäste befreiter, der Tagesstress ist abgefallen. Das ausgeschüttete Glückshormon Serotonin sorgte unter den Gästen dank häufigem Lachen für eine fröhliche, unvergessliche Stimmung. Der Abend preiste die innere Atmosphäre von den meisten in pure Lebendigkeit. Genau das pulsierende Leben zu spüren, fällt uns oft als Lücke auf und wir wissen, dass wir etwas verändern sollten oder irgendwie etwas neu erschaffen müssen. Oftmals greifen wir dann zu einem Buch. Genau, *gratuliere* Dir, Dich hier anzutreffen und Pippilotta in Dein Leben vermehrt zu integrieren.

„Lass Dich nicht unterkriegen, sei frech, wild und wunderbar!" Erschaffe Dir eine kleine neue Humorwelt, und bastle Dir Deine eigene Villa Kunterbunt.

Wissenschaftlich geht hervor, dass Kinder bis zu fünfhundert Mal am Tag lachen. Erwachsene dürfen ihr inneres Kind während folgender Kinderwitze erheitern und mitlachen.

„Wie nennt man einen Bären, der ‚Kugel' schreit? Kugelschrei-Bär."

Max: „Mama, gibst du mir dein Münz für den alten Mann?" Mama: „Wie schön, dass du einem alten Mann helfen willst. Wo ist er denn?" Max: „Er verkauft Glace in der Gelateria".

Wie nennt man einen Cowboy ohne Pferd? Sattelschlepper.

Wieso machen Mäuse keinen Sport? Sie fürchten sich vor dem Muskelkater.

Fritzchen fragt seinen Lehrer: „Kann man für etwas bestraft werden, was man nicht gemacht hat?" – „Nein, natürlich nicht". – „Gut, ich habe nämlich meine Hausaufgaben nicht gemacht!"

Weiterbilden erhellt den Geist

Vor gut einem Jahr waren Großveranstaltungen noch möglich ;-). Deshalb saß ich am 2.2.2019 erwartungsfrei im Congress Center in Basel und höre der erst 20-jährigen Christina zu. Sie hat eine überaus „zarte, feine, schelmische", sehr freundliche Art, aus dem Moment zu referieren und berührt die Zuhörer im Herzen.

Mein Augen- und Ohrenmerk ist auf ihren liebe- und wundervollen Humor ausgerichtet. Ihr gelingt es, 1500 Menschen im Saal ein Lächeln ins Gesicht zu zaubern. Und das in ihrer absoluten, ein wenig schüchternen, doch sehr annehmbaren

Echtheit. Welch segensreiche Inkarnation und Geschenk an uns Menschen, das uns aufzeigt, wie wertvoll wir sind, wenn wir WIR selbst sind – frei von jeglichen Masken.

Ich habe den Eindruck, ab einem bestimmten Alter tragen wir eine Maske der Sicherheit und der Gewissheit. Mit der Zeit klebt diese Maske der Sicherheit fest und lässt sich nicht mehr ablösen. Dahinter verbergen wir unsere Gefühle aus Angst, die anderen könnten uns für verletzlich halten. So hat auch die Maske eine andere Seite! Manche Maske möchte insgeheim abgenommen werden, aber traut sich nicht, es laut zu sagen. Dank einer Abnahme gelingt es dem *Dahinter,* einen neuen Flirt einzugehen.

(Am 2. November 2020 überarbeite ich die vorhandenen Texte und siehe da, der Bundesrat hat die Maskenpflicht verordnet. Er meint es „ernst" und damit ist nicht zu Spaßen. Trägst du jetzt keine Maske, erhältst du in allen öffentlichen Gebäuden eine „Rüge". Wie Marionetten befolgen wir den Befehl der Regierung. Hinter der Maske steckt ein menschliches Wesen. Ein Wesen, das „entsozialisiert" wird. Umarmungen sind durch das aufgeforderte „Social-Distancing" untersagt. Tust du es trotzdem, hängt die Angst mit in den Armen. Menschen verarmen ohne Leibhaftigkeit und herzlichen Berührungen. Wo führt das uns hin?

Aus diesem Grund habe ich entschieden, im nächsten Leben komme ich als Kaffeeautomat auf die Welt: täglich besucht, täglich gedrückt, niemals verboten.)

DU bist eine besondere Marke

Du bist niemals austauschbar und nicht mit anderen zu verwechseln. Kreiere deine eigene Marke. Wenn die Spotlampe angeht, genieße dein Rampenlicht. Genieße deine Erfahrung und sei dir bewusst, dass Du für viele Menschen Vorbild bist, weil du mutig bist und etwas wagst, dich getraust, DU zu sein. Dein Handlungsspielraum ist oft größer, als Du es dir mit deiner Furcht ausmalen kannst.

Christina von Dreien (19-jährig) zeigt: Egal wie jung oder alt Mann/Frau ist, das Leben zu leben als Subjekt lohnt sich auf jeden Fall. Wir sind frei, 5–10 Minuten täglich das zu tun, was uns wirklich SPASS macht. Da zählt die Aussage nicht *Ich habe keine Zeit*. Denn der Tag hat 1440 Minuten!

10 Minuten eine ganze Tageszeitung zerknüllen und eine Installation kreieren

10 Minuten mit den Pflanzen sprechen

10 Minuten sich auf dem Boden herumwälzen

10 Minuten mit dem Hund oder der Katze spielen

10 Minuten mit der lustigsten Freundin telefonieren

10 Minuten auf den Spielplatz gehen, denn dort steht nur geschrieben, *Kinder ab 5 Jahren* und nach oben sind keine Grenzen festgesetzt

Einfach nur 10 Minuten von diesen 1440 Minuten verwenden etwas zu tun, was DIR absolut Spaß bereitet.

TU es einfach, ohne dich hinterher zu erklären, warum du es getan hast, einzig und alleine nur du für dich und mit dir.

Laut Christina von Dreien existiert kein Gesetz, dass unser inneres Kind nicht glücklich sein darf. Ja sagen zu sich und dem, was DU willst. Draußen gibt es genügend „todERN-STte". Trage etwas bei, dass sich die Welt durch dein wunderbares, echtes Sein ent-ERNST-et. Tu's einfach – es könnte ja gut kommen.

Ein Monatsende ist für mich etwas Magisches. Ich schreibe über die vergangenen Tage ein Fazit und entscheide mich, was davon im neuen Monat mitgenommen wird sowie mit welchem Thema, mit welcher Kunstform etc. ich mich vertieft auseinandersetzen will. So bleibt das persönliche Entwicklungspotential stets auf Lernen ausgerichtet, um Schritt für Schritt voranzukommen. Dazu erhalte ich einen vertieften Lebensfrohsinn, denn unsere Hände sind die Antennen unserer Seele! Wenn ich meine Hände bewege, indem ich schreibe, male, koche, kreiere – sende ich Signale der Fürsorge an den tiefsten Teil meiner Seele, die sich wunderbar beruhigt. Bedenke, die Hände älterer Menschen erzählen mehr über ihr Leben als jeder andere Teil des Körpers. Hände und Herz sind miteinander verbunden.

Falls auch Du Dir Zeit für die Zeit nimmst, und in Deiner Eigenzeit Dich bewusst für Dein Wohlbefinden einsetzt, fällt es Dir von Tag zu Tag leichter, Dein Umfeld mit kleinen Dingen zu überraschen, wie einem Lächeln, einem freundlichen Wort, einem liebenden Blick. Diese Taten ziehen Kreise im kollektiven feinstofflichen Bewusstsein und heilen unsere Erde.

Lustvoll statt „ERNST"

Wie benutzen wir das Wort „ERNST" und in welchem Zusammenhang? Nachfolgend ein paar Aussagen oder Redewendungen, welche in Mitteilungen eingebettet werden:

„Das meine ich im Fall ernst" (starke Absichtserklärung oder ernster Wille)

„Den Ernst im Leben wirst du schon noch erfahren" (nach dem Kindergarten oder nach der Schulzeit)

„Bleib mal ernst bei deinen Aussagen" (sprich nur die Wahrheit)

Es wurde „ernst" (so, dass das Lachen aus dem Gesicht gewichen ist)

„Er hat mit seiner Drohung Ernst gemacht und ist abgereist" (Redewendung)

„Im Ernst?" (aufrichtige Meinung?)

„Ernsthaft?" (entspricht dies der Wahrheit?)

„Tierischer Ernst" (Umgangssprache, abwertend, Humorlosigkeit)

„Aus dem Spiel wurde Ernst" (ernste Wirklichkeit)
„Der Ernst der Lage" (Gefährlichkeit, Bedrohlichkeit)

Ich würde sagen ja, wenn ich befreit bin, oder mir zu Beginn vorstelle, dass ich mich befreit fühlen darf, befreie ich mich von den Grenzbereichen. Die Tür zur Wachstumszone aus der Gewohnheitszone wird aufgestoßen. Wie oft befindet sich der Mensch in seiner eigenen bequemen Zone, verharrt und kommt selten voran. Sich darüber erheben, Mut fassen und sich trauen, gehört zur anspruchsvollsten menschlichen Herausforderung im Leben. Eben aus sich heraus gehen. Auch so zu sein, wie du in Wahrheit gerne bist – ohne anderen gefallen zu wollen.

Nur zehn Jahre (oder erst nach zehn Jahren) nachdem „Coni, der Sternenclown" in mein Leben kam, schreibe ich dieses Buch mit Erkenntnissen und Erfahrungen sowie Begegnungen als STERN-Verschenkerin.

Ich glaube, dass „Sterne schenken" mit „den Menschen etwas weitergeben" gleichgestellt werden kann. Wenn wir Menschen Sterne verschenken, ist es eine Form aufrichtiger Wertschätzung. Damit gelingt es, einen Teil des Wir-Gefühls, ja Lebensgefühl zu erwärmen und neu zu erfüllen. Zudem „ent-ERNST-en", transformieren oder wandeln wir durch Aufrichtigkeit, Lachen, Echtheit, ja einfach mit Humor den Gemütszustand unseres Gegenübers. Es geschieht in einem frohen Moment etwas Magisches in unserer inneren Atmosphäre. Es ist, als ob der Ernst sich verabschiedet, und Frieden sowie Ruhe Einzug nimmt.

Während des Schreibens entdecke ich, dass im Wort **ERNST** ebenso das Wort **S T E R N** steckt. Ein Schauer durchflutet meinen Körper, denn es fällt mir der ursprungsauslösende Moment ein, der meine Wandlung in Gang gebracht hat.

Während dieser Pandemiezeit bin ich zu einer 83-jährigen Frau gefahren, um sie zu fragen, ob sie Hilfe gebrauchen kann, da ihre Tochter (meine Freundin) in Italien wohnt. Diese Frau geht längst schon nicht mehr aus dem Haus und leidet an Einsamkeit und daherschleichenden Alterskrankheiten. Jedes Mal, wenn ich für sie einmal in der Woche einkaufe, sagt sie: „Oh, du tust mir gut". Von ihrem Gesagten vorausgehend, versuche ich durch geschicktes Umschreiben, mehr Humorgehalt mit Leichtigkeit gewürzt in ihr Leben zu bringen, um so ihre Seele mit Buntheit und Freude zu berühren. Als ob Sprühfunken in ihrem Innern STERNSchnuppen auf die Reise schicken. Während sie lacht oder lächelt – vergisst sie in dem Moment für Bruchteile von Sekunden ihren Kummer. Lachen und an Sorgen gleichzeitig zu denken, ist unser Gehirn nicht im Stande. Und so entsteht innert Kürze eine veränderte Atmosphäre in ihrer inneren Welt.

Farbteppich

Es geht mir nicht darum, gut oder großARTig zu sein, sondern ich schreibe um des Schreibens willen. Zudem mache ich mir wenig Gedanken oder sogar Sorgen über die Beurteilung meines entstandenen Werkes. Es ist genauso auch beim Tanzen: Kein Schwung und keine Drehung, kann rückgängig gemacht werden. Es ist so auch mit dem Pinsel und der Farbe, welche wie beim Schreiben auf weißen Untergrund trifft. Es entsteht und ist Punkt.

Schreiblust wecken

Während Coachingsitzungen versuchen Menschen mir zu erklären, dass sie nicht gerne Schreiben *(oft aus schultraumatischen Erfahrungen)*, oder sie denken, es nicht zu können, nicht zu genügen. So unterbreite ich immer eine Starthilfe mit einem Akrostichon (so in etwa wie Kreuzworträtselspiel). Die Reaktionen sind meist überraschend und beglückend. Beinhaltet das Schreiben die Be-GEIST-erung und Freude verabschiedet sich das Wort „los"lassen von der anfänglichen Angst. Das Spiel des draufLOS Schreiben gelingt mit links.

Achtung, fertig, LOS

Mit „LOS" ging ich mit einer Klientin in Resonanz und wir schrieben Wörter willkürlich auf.

LOSlassen, AtemLOS, KinderLOS, GeldLOS, HaltLOS, MantelLOS, FußLOS, ArmLOS, AugenLOS, GlücksLOS, GrenzenLOS, MakelLOS, ZauberLOS, FreiheitsLOS, ZielLOS, mittelLOS, erbarmungsLOS, arbeitsLOS, liebLOS, tierLOS, hilfLOS, BallLOS, FingerLOS, LichtLOS, ExpertenLOS, FreudLOS, HumorLOS, BarmherzigLOS, BesenLOS, SorgenLOS, SINNLOS ist mein heutiges LOS. Exakt im sinnlosen Bereich, kann viel Sinnhaftigkeit verborgen sein.

Wie würde wohl deine Geschichte mit diesem „LOS" aussehen? So viel hört man: Lass los, du musst einfach loslassen. Tja, wenn das nur so einfach wäre. JA, ist es. Schreib Dich von all dem LOS, was Dich gefangen hält und Du wirst staunen, wie DU Dich im befreiten Glücksgefühl wieder findest.

Bäume sind Gedichte, die die Erde in den Himmel schreibt. Wir fällen sie und verwandeln sie in Papier, um unsere Leere darauf auszudrücken.
Khalil Gibran

Humoreinstellung aktivieren

Humor, so wie ich ihn verstehe und lebe, ist eine Lebensein-stellung – ja eine Haltung. Der humorvolle Mensch nimmt sich selbst, seine Mitmenschen und das Leben nicht „steinernst". Er hält weder sich noch die anderen für den Nabel der Welt.

Der Mensch weiß, dass weder er noch die anderen perfekt sind, denn es ist aus Sicht der Natur ganz unmöglich, perfekt zu sein. Sich in einem permanenten Überlebenskampf zu op-timieren, ist energieraubend und kräftezehrend.

Stell Dir vor, Du nimmst Dich so an, wie Du bist und der humorvolle, ent-ERNST-ete Mensch darf mild andere anlä-cheln, weil er sich im Innern erlaubt, perfekt unvollkommen zu sein. Humor muss nichts. Humor ist einfach. Und wenn er ist, dann kann Humor alles. Das nenne ich wahre Magie. Im Moment, in dem wir die anderen und das Leben genauso an-nehmen, wie es ist und wie wir sind, erscheint eine humor-volle unkonventionelle Humorhaltung und ent-ERNST-et gehörig unangenehme Situationen. So behaupte ich, dass Hu-mor eine wertschätzende und hohe Fehlertoleranz herbeiführt. Kaum führen Ernst, Leistung und Disziplin zur Ent-ERNST-ung im Alltag. Hingegen bilden Humor und Kreativität die Trieb-feder für freudvolle Leistung und persönlichen Erfolg.

Sehr wohl ist mir bewusst, dass wir die Dinge und die Welt nicht verändern können. Jedoch können wir den Blick auf die Welt verändern, indem wir den Spielraum der Handlungsalter-nativen ausschöpfen oder einfach anzapfen. Wenn wir Men-schen lernen, die Widersprüche des Lebens anzunehmen und schmunzelnd anzuerkennen, erhält der Boden des Humors wahrhaftige Nahrung.

Jetzt folgen meinerseits erprobte kunstorientierte Anregungen. Tauch ein ins Neuland mit Humorgehalt. Trau Dich, die eine oder andere Anregung in Dein Leben zu integrieren und auszuprobieren. Dies gilt auch für jene, die mit Kunst nicht am Hut haben und sich als Kunstbanausen deklarieren. Aus meiner Erfahrung weiß ich, Kunst löst immer etwas aus – mit Betonung auf Etwas! Hie und da bedarf es dem eng geschnürten Zeitfenster ein „DA-zwischen" oder einen „Zwischen-Halt" zu erlauben. Natürlich dürfen die hier erwähnten Handlungs-Inputs kopiert oder abgeändert werden, so dass sie für Dich passen. Fühl Dich frei.

„Jede Zelle in meinem Körper ist glücklich"

Wissenschaftler haben erkannt, dass in jeder einzelnen Zelle unseres Körpers die Anleitung zum Glücklichsein und zur Heilung verborgen ist. Uns mit Gedankenkraft und Zusprache mit den reichlichen Zellen zu verbinden, lohnt sich! Ich entdeckte folgendes Lied: „Jede Zelle in meinem Körper ist glücklich, jede Stelle ist voll gut drauf". Achtung: einmal gehört, kann es zum Ohrwurm mutieren.

Wenn Du Dich nach dem weltberühmten Song „Jerusalema dance" lieber Deinen Bewegungen widmen möchtest, steht dem natürlich nichts im Wege. Dieser Song mutierte im 2020 zu meinem Lieblingslied, weil er jeden Menschen zur Bewegung in allen Bereichen bewegt hat. Danke für diesen glorreichen und segensreichen Song auf Distanz.

Lächelanker

Von meinem Lachen stellte ich ein Bild ins digitale Netz und prompt schrieb mir ein Herr: „Ich höre dich Lachen". Oder ich postete ein Bild von mir, auf dem ich in eine andere Rolle schlüpfe und mich übertrieben wild schminke. Prompt schreibt mir diejenige Person, für die ich in diese Rolle schlüpfte: „An diesen Moment erinnere ich mich sehr gerne zurück und vergesse ihn wohl niemals, so einmalig wie der war."

Vielleicht kennst Du Menschen, mit denen Du unvergessliche, lustige Erlebnisse hattest. Stell in Deiner Nähe von diesen Menschen ein Foto auf, oder suche Gegenstände, welche Dir helfen, Deinen Humor präsent und wach zu behalten. Setze damit für Dich Lächelanker.

So etwas steht in meinem Büro „you are something like the dot on the i" (Du bist jemand wie das i-Pünktchen). Dies schrieb mir eine liebenswerte Bekannte, von der die Geschichte vom „stummen Bühnenclown" stammt.

Lach über Dich selbst

Ab und dann ein bisschen merkwürdig sein.

Unvergessen bleibt uns der Lachanfall von Altbundesrat Hans-Rudolf Merz im Herbst 2010. In der Fragestunde im Nationalrat muss der Appenzeller eine im schlimmsten Beamtendeutsch verfasste Stellungnahme zum Verzollen von gepfeffertem Fleisch vorlesen. Als es endlich konkret wird, stottert er: „Zum Beispiel Bü-Bü-Bünderfleisch!" Genau dieses You-Tube-Video hat heute über 2,5 Millionen Klicks. Oder unfreiwillig ist der Auftritt von Altbundesrat Johann Schneider-Ammann zum Tag der Kranken im März 2016. Mit tod-ERNSTer Miene sagt er: „Rire c'est bon pour la santé" – Lachen ist gut für die Gesundheit. Er selbst sagt dazu: „Immerhin hat die Welt gesehen, dass ich es ERNST meine".

Am besten während 20 Wochen, oder 20 Tagen oder zwanzig Mal am Tag oder an den Tagen die mit „-tag" enden (also immer außer mittwochs). Egal, Hauptsache in das „MERK-würdige" einsteigen und üben, etwas ausprobieren, sagen, bringen, tun, und Dein Gegenüber wird die „MERK-würdige Seite" an Dir be-MERK-en. Dein Mut festigt sich und Dein Selbstvertrauen wird gestärkt. Eine endlose Stärke entsteht in dieser Tat und Du mutierst zu einem wahren, besonderen MERK-würdigen Vorbild. Go for it! Mit Wiederholungen und mit der Zeit erlebst Du eine Wende von Unmut zu Mut. Ich höre Dich jetzt schon äußern: „Ich bin nicht so wie du!" Mach es einfach und werde zum Merk-würdigen DU!

Menschen, die 120-prozentig sicher und kontrolliert sind, mutlos die gewohnte Zone zu verlassen, kennen wir bestimmt genügende. Was uns die MERKwürdigen zeigen, ist ihre unverwechselbare Unvollkommenheit und Lockerheit. Auf all meinen Wanderungen – manchmal zu Unfreude meiner Mitwanderer – ging ich quer durch den Wald, weil ich eine Abkürzung nehmen wollte, oder den Weg in Frage stellte. Ich bin immer am Ziel angekommen, egal mit oder ohne Umwege. „Take it easy" und bleib im schlimmsten Fall im „Lächelmodus". Mein Motto für meine EinzigARTige MERKwürdigkeit heißt: Ich habe keine Macken, das sind spezielle Effekte!

Beatrix B. sagt: „Wo es humort, verliert der Perfektionismus seine Macht, und wo Gelöstheit entsteht, wird die Durchblutung gefördert".

Elfchen

Diese Stories mit den „Elfchen" faszinieren mich, seit sie im 2009 während meines Studiums in mein Leben gekommen sind.

Ein bis zwei Wörter suchst Du Dir aus einer Zeitschrift heraus (möglichst blind, eben nicht mit dem Kopf, sondern vertraue Deiner Intuition). So beginnst Du, aus diesen zwei Wörtern einen Satz zu bilden mit elf Wörtern. Elfchen dienen mir heute zum Abrunden eines Kunstprozesses. Mit 11 Wörtern verdichten wir die Aussage zu einer geballten An- oder Aussage. Übe Dich in 11-chen schreiben und Dir begegnen von namhaften Dichtern ebenso welche.

*Den **Nebel** im **Leben** auflösen mit Humor,*
Witz und Charme – Ent-ERNST-en.
*Der **Humor** entfesselt, wenn der Ernst*
*die **Hintertür** aufreißt und flieht.*
*Den **Geschwi*STERN*** haucht der Humor die Freude*
*und **Glückseligkeit** ins Leben.*
*Dich und mich mit rotem **Faden** abseilen, um*
*Humor**landschaften** zu betreten.*
*Immer wenn wir Lachen, unser **Bauch** wackelt,*
*stirbt irgendwo ein **Problem**.*
*Mein **Passwort** des Lebens heißt Humor*
*ohne Halt bis zum **Herz**.*
***Schreiben** ist das eine, doch Humor täglich leben*
*ist die **Kehrseite**.*

Ent-ERNST-ungs Inputs

Statt Einstimmen/EINLACHEN

Sich allmorgendlich unter der Dusche oder einfach vor dem Spiegel warm lächeln – einlachen. Du beginnst mit 10 cm Einlächeln (leises, steigendes Lächeln). Dann erweiterst Du Dein Lächeln/Lachen auf 30 cm, 50 cm und schließlich bis zu einem Meter (herzhaftes lautes Lachen, so wie es kommt). Am Anfang mag es Dir komisch und kindisch erscheinen, doch mit der Zeit fühlst Du mehr und mehr eine Gelassenheit und Leichtigkeit in Deinen Körper huschen. Alleine die Absicht und Deine Beweggründe, es wenigstens zu versuchen, tragen eine gute Energie in sich. Übrigens; Falls, es jemand unter den Leser/innen gibt, der/die Kalorien zählen: 6 Kalorien werden bei jedem Lacher verbraucht!

Trauer wirkt

Selbst wenn Du traurig bist, hörst du nie auf zu lächeln, denn es könnte sich jemand in Dein Lächeln verlieben. Sicherlich darfst auch Du traurig sein, doch selbst Trauer wirkt mit einem inneren Lächeln sanft und es hilft Dir, in der Schwingung der Kraft und Zuversicht zu verweilen, anstatt in die Rolle des Leidenden zu verfallen. Selbst ein inneres Lächeln zaubert einen Hauch von Wärme und Mitgefühl auf Dein Gesicht und einen solchen Menschen möchte man umarmen, ihn gernhaben. Schließlich zeigt es, dass Menschen, die viel und oft Lächeln, die schönsten Falten haben. Genau diese können bei keinem Schönheitschirurgen gekauft werden!

Edvino

hat seine geliebte Frau Meagy mit nur 55 Jahren verabschieden müssen. Ja, selbst in der Trauer stößt man auf Humorgehalt. Da seine Meagy ihren Abschied mit ihm besprochen hat, erfüllte Edvino ihren letzten Wunsch, indem er mit ihrer Urne im Rucksack in die hinterste Bergwelt wanderte. Edvinos Gefühl war schon etwas eigenARTig, und nicht wissend, wie er dieses Ascheverstreuen vornehmen soll. Eine Kurzmitteilung erreicht mich von Edvino: „Hilfe, ich kann das nicht". So bot ich Edvino an, eigenartige Blätter aufzusuchen und diese mit ihrer Asche in Verbindung zu bringen, so dass sie in die Natur eingebunden wird, wie sie es sich gewünscht hat. Plötzlich kam eine Mitteilung: „Ich habe es getan! Doch den Wind, das himmlische Kind, habe ich nicht miteinberechnet". Alleine während des Lesens bekam ich auf meinem inneren Gedankenbildschirm Edvino zu sehen, mit einigen Aschenspuren, die in seinem Gesicht an seinen tränennassen Wangen Spuren hinterließen. Ich musste herzhaft lachen. Die humorvolle Meagy hat sich mit ihrem Göttergatten noch einen Spaß erlaubt und ihn damit voll und ganz innig geküsst und umarmt. Well done, Meagy.

B. S. meint: „Das Leben hört nicht auf, komisch zu sein, wenn Menschen sterben, ebenso wenig hört es auf, ERNST zu sein, wenn man lacht".

D. B. meint: „Wer sich mit dem Tod befasst, auseinandersetzt, lebt zufriedener und humorvoller."

Oma angurten

Kinder gehen oft unkomplizierter mit dem Tod um als wir Erwachsene es tun. So starb eine Oma in den Ferien an einem Herzinfarkt. Kurz darauf wurde sie eingeäschert und die 5-köpfige Familie kehrte von ihren besonderen Ferien zurück. Oma war in verwandelter Form in der Urne auf dem Rücksitz bei den Kindern. Auf einmal fragte ein Kind: „Mama, warum muss sich Oma nicht angurten?" Die gesamte Anspannung fiel in diesem Moment ab, denn Humor ist niemals planbar. Ein herzerfülltes Lachen, welches diesen Autoraum erfüllt, tat jeder Seele sehr wohl.

Mit welcher ART lacht „Frau oder Mann"?

Haha, HiHi, HeHe, HoHo, diese Laute können an folgenden Körperstellen dienen:

- Haha; Hals und Herzbefreiung
- HiHi; Kopfbefreiung
- HeHe; Schultern-/Achselbefreiung
- HoHo; Füßebefreiung und dienen einer guten Standhaftigkeit

Wort Begleiter

Schreite am Morgen mit einem Wort als Begleiter in die Welt. Begrüße alles, was Dir begegnet, mit diesem Wort. Sprich laut, leise, mit tiefer oder hoher Stimme, etc. und entdecke den Spaß der Betonung und der aufkommenden Mimik. Entscheide Dich am Morgen für eine lebendige und humorvolle Haltung. Zum Beispiel versuchte ich meinem Sohn etwas mitzuteilen und ein Wort wie „Bossitsch" kam raus statt wie im englischen „Message" oder im deutschen „Botschaft". Solch unkomplizierte Kommunikation erhellt immer das Zusammenleben und minus 6 Kalorien. Würde ich nicht so viel lachen, wäre ich bestimmt ein anderes Kaliber an Körperumfang.

Bibliothek Spionage

Hast du auch einige Bücher im Bücherregal, oder herumliegen? Schlage täglich 4 Seiten darin auf und punkte mit geschlossenen Augen auf einen Satz. Füge diese 4 Sätze zusammen. Vielleicht ergeben sie ja einen Sinn.

Ich spiele es Dir vor:
(Textauszug Nr. 1) „Er war von weit hergekommen, angeblich auf Pilgerschaft, und er schien die Gastfreundschaft des Königs so angenehm zu finden, dass er keine Eile hatte weiterzuziehen." (Textauszug 2) „Und in einem durch Zucker hervorgerufenen Anflug von Optimismus kaufte ich mir schließlich ein teures Profi-Set zur Tortenverzierung, inklusive Spritzbeutel und zig verwirrender Zubehörteile." (Textauszug 3) „Dass er krank ist, hält mich davon ab, mein eigenes Leben zu leben." (Textauszug 4) „Es gibt so viel Gerümpel auf der Welt, dass ich mich nicht so oft auf dessen Energiefeld einstimme".
Und jetzt kreierst du deine eigene Geschichte aus diesen Sätzen oder Worten – frei nach dem Geist der SCHREI-

Be-GEIST-erung. Bedenke, im Wort SCHREI-Ben ist Dein Urschei enthalten, so Schrei-(b) es aus Dir heraus.

Mein Resultat aus diesen 4 Textstellen liest sich wie folgt.

„Ich bin während meiner Pilgerreise beim König gelandet. Da der König Zeit hat, und die Gastfreundschaft überaus herzlich ist, verweile ich gerne länger beim König als vorgesehen. Königliche Gefühle der Bewunderung steigen in mir hoch. Obwohl mein Herz sich krank anfühlt, wie anscheinend jenes von dem gestern getroffenen Obdachlosen, hält mich nichts davon ab, mein heutiges eigenes Leben zu leben. Nie wissend, wie lange es noch dauert. Sich krank fühlen und krank sein ist ein Unterschied, denn mit meinen Gedanken kreise ich um die Krankheit, statt um meine mir zustehende Gesundheit. Es scheint, dass ich mit so viel Gerümpel an Gedanken, die mich hindern, an das Gute, an die Gesundheit oder was bei mir und in meinem Körper so wunderbar gut, ja fast automatisch, funktioniert, verliere ich unzählige energieraubende Gedanken an die Krankheit. Ich will endlich eine königliche Wandlung in Gang setzen, die sich in jeder Zelle bei mir verankert. Nur so gelingt es mir eines Tages, mit dem teuren Profi-Set die freudvollen Tortenverzierungen ans Licht zu bringen.“

Wenn ich diese zusammengefügte Geschichte nur zwei Monate nach dem Entstehen wieder lese, entdecke ich eine bewundernde Energie von ein paar Gedankenfunken, welche ich mit Leichtigkeit und Be-GEIST-erung in die Realität schrieb. Und deshalb sehr empfehlenswert zu kopieren.

Glücksschluck

Falls du frühmorgens nach dem Aufstehen etwas trinkst, dann nenne den ersten Schluck „Glücksschluck" und lass ihn auf der Zunge zergehen und folge dem Gefühl des Schluckens bis in den Magen. Und der zweite sowie der dritte Schluck kann hinterher das ganze Gefühl unterstützen.

Ein „ABC" zum Wort „ENT-Ernsten"

ABC-Listen gibt es bei mir einige. Wenn ich vor einer Entscheidung stehe, nehme ich zwei ABC-Listen zur Hand und schreibe mir jeweils eine Liste mit „FÜR-wörtern" auf und eine mit „GEGEN-wörtern". Alleine während des Schreibens erkenne ich rasch, wohin meine Entscheidung aus meinem Herzen mich bewegt. Meine Hände sind die Verlängerung des Herzens und liegen immer richtig. Ich lernte mit der Zeit, meiner Herzsprache zu vertrauen, um Entscheidungen herbeizuführen und meine innere Wandlung zu manifestieren.

Oder ein ABC kann hilfreich sein, eine Person aus anderen Aspekten zu beschreiben, oder ein Erlebnis/Ereignis neu zu beleuchten. Es folgt aus meiner kreativen Schreiberei heraus eine Empathie mit dem Wort Ent-ERNST-en, indem ich querbeet aufschreibe, was mir dazu in den Sinn kommt.

A nfang ist dann, wenn ich mich im Spiegel betrachte und mir ein Lächeln schenke.

B erichte suchen und finden von Lustvollem, Komischem, Witzigem.

C haos im und um das Haus, während ich die Ordnung nicht zu ernst nehme.

D „onner Doria" die Sprache humorvoll anreichern und Dornen von den Rosen entfernen.

E rinnerungsstücke aus der Vergangenheit in kreative bunte Geschichten wandeln.

F rauen ge-Stalten einladen und den „Humor" zu Tische bitten.

G egenwind oder Widerstand annehmen, niemals triumphieren lassen.

H eiterkeit ist lernbar, greifbar wunderbar.

I deen sind gefragt, dem „ERNST" ein blumiges, luftiges, fröhliches Kleid überzustülpen.

J A – warum passiert dies gerade mir? – JA warum nicht?

K inderlachen hören und mitlachen und dem inneren Kind Aufmerksamkeit schenken.

L a c h e n, lächeln, loben, lieben, lernen, leben – ist pure Lebensphilosophie.

M ärchenwelt des Humors? Pippi Langstrumpf „Mach die Welt, wie sie Dir gefällt"!

N ebenwirkungen beim Lachen sind keine bekannt – also herzhaft weiterlachen.

O hnmachtsgedanken – Weshalb diese zulassen? Streichen! Nur echt „DU" sein!

P ortionenweise beginnen und Prisemäßig dem Ernst eins auswischen!

Q ualität des Humors soll fröhlicher Natur sein.

R oter Faden, rote Nase als Wegbegleiter in der Handtasche griffbereit haben.

S chwanger mit der Idee, den Alltag zu ent-ERNST-en, bis hin zur Buch-Geburt.

T reffpunkte des „Ent-ERNST-en" inszenieren und in die Tagesordnung integrieren.

U rvertrauen entwickeln und wieder aufgreifen, dass es einfach gehen darf.

V erbal – nonverbal Lachen in Pantomimensprache.

W eg vom ERNST … Hin zum Lustvollen.

X Haka hat auch daneben gehauen beim entscheidenden Penalty/Fehler zulassen.

Y oga – Lachyoga existiert und wird viel besucht.

Z ählen eins zwei drei und los geht es.

In meinen Schreibkunstkursen erlaube ich mir, mit der Gruppe solche ABC-Listen zu schreiben. Es geht darum, sämtliche Großbuchstaben zu wiederholen, inklusive der Kleinbuchstaben. Ich bitte um möglichst lustige, zusammengeschriebene, lange Wörter. Die Wörtervielfalt fällt jedes Mal so unterschiedlich, kreativ und lustig aus, dass so mancher Lacher enthalten ist.

Vom Kuchichäschtli, Zoowärter, Vergissmeinnicht, Mondscheinglitzer, Feuerwehrkommandanten, Quarantäneaufenthaltsort, Igelmuttermilch, Elefantenei, Tischtuchklemme, Abrakadabra finden die skurrilsten Wörter zur Feder mit Tinte.

Daraus wählen die Teilnehmenden 2–3 Wörter und kreieren ihre Elfchen.

„Im Sandsturm der Quarantäne hüpft die Langstrumpf Zwetschge im Abrakadabra Takt".

„Damenhaft erlaube ich während dem Mondscheinglitzer einen TraritraraTanz zu kreieren".

„Andora kommt mit Helikopter zur weißen Weihnachtsfeier und segnet meinen Po".

„DU Sichter des Trichters, richte nicht nach dem Trichter seiner Dichte".

„In der Kunst hausen die Entdeckungen! Hüte dich vor verkopften Erklärungen".

Es entstehen jedesmal einzigARTige, humoristisch formulierte Verdichtungen mit Tiefgang des Geschriebenen.

Singende Telefonnummer

Die Telefonnummer ist meist so persönlich wie der eigene Name. Lass deine Gäste, Teamkollegen, Verwandten, Freunde zusammen die Telefonnummern einander zurufen. So fühlt sich keiner peinlich berührt, sondern erlebt die Gruppendynamik. Bei einem zweiten Mal darf es singend sein, denn Singen verbreitet Freude und ist der beste Freund des Humors.

Spontanes Theater

Nehmen, was da ist, um mit dem in ein spontanes Theater einzusteigen. Wie folgt:

Zweckentfremde einen Spazierstock und kreiere damit ein heiteres Ratespiel, was viele Menschen lieben. Wie sieht es aus, wenn genau dieser Stock zur Zahnbürste wird und die dementsprechende Handbewegung ausgeführt wird? Oder als Setzholz, als Besen, als Bleistift usw. Lasst die Fantasie in den Stock fließen.

Rollentausch

Stell dir vor, deine Kinder sind einmal für „kurze Zeit" die Eltern und – umgekehrt, die Eltern sind die Kinder. In meiner Vorstellung entstehen bestimmt wunderbare ‚Giggelimomente', welche eine sehr befreiende Wirkung zeigen.

Stift lächeln

Es ist so, dem Menschen kann es als hilfreich erscheinen, wenn ein Objekt zur Hilfe herbeigeführt wird, um ein Lächeln oder Lachen zu inszenieren. Wie wäre das mit einem Stift, mit einem Löffel oder Korkzapfen, den man sich in den Mund steckt oder zwischen die Lippen klemmt? Ein gegenseitiges Lächeln oder Anlachen findet bestimmt statt!

Muntermacher

Ein herzhaftes Lachen, falls es mir mal nicht so gut geht, erlange ich in Kürze wieder, wenn ich „Verstehen Sie Spaß"-Episoden anschaue – keine Videos, in denen sich Menschen wehtun. Sondern wo Menschen lustvoll und liebevoll hinter den Mond geführt oder auf den Arm genommen werden oder denen man einfach mit absolut „ernster" Miene einen Bären aufbindet. Da kann ich mich – wenn nötig – auch alleine köstlich amüsieren und herzhaft lachen. Ich lade Euch ein – schaut genau solche Geschichten, Filme, Szenarien, die den Humor fördern. Hinterher fühle ich mich einfach nur gut, befreit und gehe mit diesem Erlebten zurück in den Alltag und erzähle genau diese Geschichten weiter. Bedenke, es gibt genügend traurige Geschichten, die uns via Medien einsuggeriert werden und in unserem Unterbewusstsein kleben bleiben. Da bin ich schon selbst für mein befreites Lachen und Fröhlichsein verantwortlich und entferne mich von bösartigen Krimis oder üblen Nach-Richten. Denn verändern kann ich die Welt nicht, nur die Welt unmittelbar um mich fröhlicher gestalten.

Feedback-Buch

Meine Schwester schenkte mir ein Feedback-Buch. D. h., das Buch war mit leeren Seiten versehen. Bei Zusammentreffen mit Zuhörern, Gästen, Freunden usw. bat ich die Menschen um ein Feedback. Praktisch nur liebevolle Worte sammelte ich mir zusammen, für Zeiten, in denen es mir weniger gut geht. So lese ich aus meinem persönlichen Feedback-Buch

Das Leben ist zu kurz:
Um nicht jedes Jahr zur selben Zeit in so einem tollen Kreis von Frauen deinen Geburtstag zu feiern und in Erinnerungen zu schwelgen.
Um nicht jede Minute zu genießen und auch was Verrücktes zu tun.
Oder en français: La vie est trop courte, pour s'ennuyer avec les mauvaises personnes! Je suis heureuse de te connaître! Tu es génial!

Mut zum „Leeren"

Während des Schreibens kreiert sich folgende Idee: Fördere deine Kreativität, und nimm weiße A6-Karten ;-). Gestalte mit Freude und Leichtigkeit deine persönlichen Monatskalenderkarten oder Tageshighlightskarten, um am Abend herauszufinden, welches „schöne" Wort/Bild oder welcher Satz zu Dir gelangt ist. Gestalte malerisch in Gekritzel ein Bild – alles kommt direkt von deinem Herzen. Deine Hände sind die Verlängerung deines Herzens. Wende Deinen Blick auf das Erfreuliche, Fröhliche, Liebevolle, Wertschätzende – Tag für Tag, um Dir freudvoll zu begegnen. Auch wenn Du das leere Papier betrachtest – hab Mut und lass es sich entwickeln, geschehen. So lass ich Dir ein paar Tipps zukommen für die einfachste Gestaltung Deiner Karten:

Sammle Wörter aus Zeitschriften und setze neue positive Sätze zusammen.

Nimm einen Buntstift und ein Blatt, fahre über das Papier, wo Du dahinter z. B. den Wandabrieb hast oder eine Holzwand. (Erkennst du Figuren, Geschichten?)

Schreib mit Deiner schwächeren Hand Deinen Namen in die Mitte und umrahme Dich. Alles mit der schwächeren Hand, verschnörkle, verziere diesen Rahmen

Schließe die Augen und lass den Stift über das Blatt gleiten, wohin er will, male die „Zwischenräume" aus.

Ziehe eine und mehrere für Dich beschwingte Linien nach der andern von der oberen Blattkante nach unten.

Variiere mit Farben.

Wiederhole vielleicht das „Sinnlose" und sei erstaunt.

Wiederhole Linien, male und integriere in die Linie Deinen Kreis, Deinen Stern, Dein Irgendwas.

Setze Punkte auf ein Papier und von diesen Punkten aus ziehst Du kleine Striche, 5–6 und Du malst so einfach Sterne, verbinde diese miteinander.

Male Licht, schreibe Licht und lass ein rundherum daraus entstehen.

Schrei-BEN Schrei! Schrei Worte aus der Seele in Buchstaben, Worte, Sätze, Texte, Songs etc. Entdecke in deiner „Schrei"-Berei ein Ventil.

Ich weiß, ich bin manchmal „merkwürdig"! Mit meiner Merkwürdigkeit mache ich mich von anderen Menschen unterscheidbar. Nehmen wir dieses Wort auseinander, ein „würdig", das andere sich merken, wer Frau ist. Mit Blume im Haar. Z. B. nicht normgerecht, mit Aufenthalt außerhalb der bekannten Komfort- oder Gewohnheitszone. Mein Sinn auf dieser Welt liegt nicht darin, dass ich mich der NORM anpasse, sondern wie funkelnde, glitzernde Sterne bin, die zum Glanz der Welt beitragen. Mit einer gehörigen Prise Menschenfreundlichkeit und Herzwärme wirkt dies sich aus auf die Sympathie.

Kopierter Spiegel

Auch schon erlebt? Du sitzt in einer Runde und alle sitzen so da, vielleicht etwas gelangweilt? Wenn ja, da empfehle ich, jemand still vom Tisch auszuwählen und dessen Mimik, dessen Worte, dessen Gestik nachzumachen und ohne Ankündigung in die Wachstumszone eintreten. Sozusagen denjenigen so gut wie es geht spiegeln – kopieren … Diesen Moment wird derjenige niemals mehr vergessen – und „Pampers" bei fortgeschrittenem Alter lohnen sich. Oder, wenn jemand von der Toilette an den Tisch zurückkehrt, mit dem sitzenden Kreis in der Runde absprechen, dass alle diese Person kopieren … Viel Spaß! (siehe auch Geschichte „Lachorgien".) Du spürst das bestimmt, wie weit Du heute als Grenztänzer gehen darfst. Vertraue Deiner Intuition oder inneren Stimme.

Wortsalat

5 Minuten sich Zeit nehmen und einen Text verfassen. Ins Schreiben kommen und den Schreibfluss zulassen. Vertrauen, dass der Schreibfluss fließt, als ob Du Teil bist eines Wasserverlaufs in einem Bach, Fluss oder Strom. Lass es zu, dass Worte fließen dürfen. Der Text muss keinen Inhalt haben. Sätze dürfen sein, die Dir einfach so daherkommen und in dem Moment durch Deine Hand mit dem Kugelschreiber auf das Papier kugeln. Danach lest ihr diese Texte einander vor. Doch STOP, bevor derjenige, der an der Reihe ist, beginnt, sagt er leise vor sich hin das ABC und der Nachbar sagt irgendwo STOP. Wenn es jetzt den Buchstaben P betrifft, muss derjenige, der am Textlesen ist, bei JEDEM Wort ein P als Anfangsbuchstaben setzen und den Text so vorlesen. Ein Gelächter wird garantiert, da die meisten von uns ja lesen können!

Zum Beispiel: „Po pntstehen pustige pie pagewesene porte pus pem pix" (So entstehen lustige, nie dagewesene Worte aus dem nix!)

Tu etwas, das niemand von dir erwartet!

Magdalena arbeitet in einer Klinik für Psychiatrie. Eines Morgens kommt eine Klientin mit einem kleinen kitschigen Krönchen in ihrem Haar zum Empfang. Sie dachte, was ist denn mit der los? Und als sie mit ihr im Anschluss einen Folge-Arzttermin vereinbarte, wurde sie von dieser Klientin angesprochen und befragt, was sie wohl über sie gedacht habe, als sie sie sah mit diesem Krönchen. Natürlich etwas verlegen, suchte Magdalena nach einer plausiblen, annehmbaren Antwort, um sie nicht zu verletzen. Die Klientin erzählt, dass sie von ihrer Psychiaterin aufgefordert wurde, einen Tag lang so herumzulaufen, um wahrscheinlich als eher unscheinbare Figur mal ernsthaft wahrgenommen zu werden. Magdalena ärgerte sich über ihre unachtsamen, wertenden Gedanken. Warum nicht so herumlaufen? Die meisten Menschen bemühen sich nach, dem „Mainstream" zu watscheln, um nicht aufzufallen. Ernsthaft wahrgenommen werden – wer möchte das nicht? Echt zu sein mit allen „Wenns und Abers". Das heißt, sich aus der gewohnten Komfortzone in die Wachstumszone zu begeben.

Pleiten, Pech und Pannen

Bestimmt gibt es Momente im Leben, da hätte sich der Mensch bei einer unpassenden Aussage oder Handlung am liebsten im Boden versteckt. Doch mit der Zeit und mit voranschreitendem Alter wird Mann/Frau großzügiger und denkt nicht allzu lange darüber nach. Diese kleinen Pleiten, Pech und Pannen als Lernplatz gehören zum Leben. Wir dürfen unperfekt und unvollkommen sein. Unvollkommenheit ist erlaubt, denn weder die Natur noch sonst ein Lebewesen ist perfekt. Wenn wir mit natürlicher Weise damit umgehen, lernen wir, dass grundsätzlich niemand jemandem etwas beweisen muss – oder schon gar nicht gut sein muss. Sondern das ICH-Sein manifestieren darf. Oder noch besser, möglichst morgens eine Blamage vollbringen, so kannst du dieses Thema für den Rest des Tages abhaken. Unvollkommen sein bedeutet, hie und da etwas tun, was Dich aus der Komfortzone in die Wachstumszone schubst.

In der Komfortzone ist es einem wohl, man kennt alles. Fühlt sich wohl, weil das meiste gewohnt ist und wenig Aufregendes passiert. Ja, die Freude im Alltag ist begrenzt, denn Mann/Frau weiß, wie der Hase läuft.

Alles bekannt. Angst zu versagen kann noch so lange draußen an die Türe klopfen, weil du dein Komfortreich selten bis nie öffnest.

Wachstumszone
Gewohnheit wird hier durchbrochen, braucht Mut, Dinge zu tun, welche Du in der Komfortzone unterlässt. Begebe Dich in

die Abenteuerlust, entdecke unbegrenzte Möglichkeiten, lerne Dich anders und neu kennen, gewinne Erkenntnisse und erhalte ungeahnte Freiheit und Lust, Dich persönlich zu wandeln. Anderes erobern öffnet das Tor zur Kreativität, fördert die Spontanität, bedeutet Hemmungen abbauen und Blockaden zu durchbrechen. Der Gewinn an Selbstsicherheit und Selbstvertrauen nimmt eindeutig zu. In jeder Lebensphase, an jedem Ort, mit jeder Interaktion lässt sich Humor ins Leben holen. In dieser grenzüberschreitenden Wanderung, die Komfortzone zu verlassen, verbergen sich unzählige Vorteile. „It always seems impossible, until it's done".

Manchmal fühle ich mich als *Entwicklungshelferin* – indem ich Menschen anschubse, aus der Komfortzone auszutreten. Mit jedem Schritt außerhalb der Komfortzone entsteht Wachstum und Verwandlung. Bei mir selbst stelle ich fest, ich greife in Krisensituationen auf alte bewährte Gewohnheiten zurück und unterbreche dabei meinen Verwandlungsprozess. Zum Glück kehre ich die Situation um und habe gelernt: Alles hat zwei Seiten. So hat jede Nach-Richt eine „Pro" und „Contra" Seite. Ja, es kostet Zeit, diese beiden Seiten zu beleuchten und manchmal braucht es jemanden, der Dir dabei zur Seite steht. Genau von den erlebten Situationen entdecke ich auch bei mir selbst, dass ich die Geschichten oft ähnlich bis gleich erzähle. Die Kehrseite, die Lernseite ist vorhanden, wenn ich sie erkennen will, um mich dadurch zu verwandeln.

„Unsere tiefste Angst"/M.W.

Unsere tiefste Angst ist nicht, ungenügend zu sein. Unsere tiefste Angst ist, dass wir über alle Maßen kraftvoll sind. Es ist unser Licht, nicht unsere Dunkelheit, was wir am meisten fürchten. Wir fragen uns, wer bin ich denn, um von mir zu glauben, dass ich brilliant, großartig, begabt und einzigartig bin? Aber genau darum geht es, warum solltest Du es nicht sein? Du bist ein Kind Gottes. Dich klein zu machen, nützt der Welt nichts. Es zeugt nicht von Erleuchtung, sich zurückzunehmen, nur damit sich andere Menschen um Dich herum nicht verunsichert fühlen. Wir alle sind aufgefordert, wie die Kinder zu strahlen. Wir wurden geboren, um die Herrlichkeit Gottes, die in uns liegt, auf die Welt zu bringen. Sie ist nicht in einigen von uns, sie ist in jedem. Und indem wir unser eigenes Licht scheinen lassen, geben wir anderen Menschen unbewusst die Erlaubnis, das Gleiche zu tun.

Wenn wir von unserer eigenen Angst befreit sind, befreit unser Dasein automatisch die anderen.

> *Bist du bereit, Dein Licht zu zeigen,*
> *zu leuchten und die Welt zu erhellen?*

Ich weiß, es fällt uns nicht leicht, uns zu zeigen, es fühlt sich komisch an und fremd. Es erscheint uns egoistisch und überheblich und wir verstecken uns lieber.

Doch das eigene Licht zu zeigen, bedeutet auch, Verantwortung zu übernehmen, die Talente, die wir haben, zu würdigen, uns selbst Wertschätzung entgegenzubringen. *Werde sichtbar und zeige Dein Funkeln und Dein Glitzern!*

„Es ist mir ERNST mit dem Humor"

Vor Jahren hat mich der Bauernverband Nordwestschweiz als Referentin zum Thema „Lachend und mit Humor lebt es sich leichter" eingeladen. Ich überlegte mir im Vorfeld, wie ich die mehrheitlichen Bäuerinnen und wenigen Bauern „knacken" kann, um ihrem alltäglichen ERNST für ein paar Minuten den Garaus zu geben. Mein angeheirateter Familienname ist bei den meisten Bauern wohlbekannt. Mein Eingangssatz lautete: „Mein Name ist Hürlimann, wie das Bier und der Traktor." Ein Lachen verteilte sich im Saal, nachdem sich alle einen Traktor und ein Bier in ihrer inneren Bilderwelt vorgestellt haben. Ja, von dem her ist es mir ERNST mit dem Humor und als ich noch fragend und sagend meinte, in diesem Saal sei bestimmt kein Mann namens „ERNST" zu finden, meldete sich prompt einer. Und der ganze Saal stimmte ins Lachen ein wie bei einem Lobgesang. Und bei jeder noch so verklemmten Seele hat sich ein Spalt der Tür geöffnet und das Eis war endgültig gebrochen.

Statt Befehle – Humor säen

Im Alltag den Humor einbauen, mit unerwarteten Fragen, erhellt das Gemüt. So fragte ich meine jungen Neffen nach einem Familienessen, nachdem sie aufstehen und vom Tisch weglaufen wollten, „ob sie etwas an ihren Händen hätten". Alle Neffen schauten ihre beiden Hände an und verneinten die Frage. „Warum meinst du?", kam die Frage zurück. „Ah, wunderbar das trifft sich prima, dann könnt ihr das Geschirr in die Küche tragen"! Kein Befehl, jedoch humorvolle Einlage in der Kommunikation und mein Ziel ist erreicht.

Oder eine Kollegin erwähnt, dass eine ihrer Töchter gerne die Kleider im Gang auszog inkl. Unterwäsche und BH. Der Freund dieser Kollegin hat sich dann den Spaß daraus gemacht und eine Wäscheleine im Gang kreiert. Dies soll schließlich dazu dienen, diese prachtvollen Kleidungsstücke auf deren Vielfalt, Farben und Formen auf Augenhöhe zu betrachten und bei Bedarf gerne zu gebrauchen.

Männer wollen Frauen glücklich machen

Wenn sich ein Mann verliebt, öffnet sich sein Herz und plötzlich spürt er, dass es da einen Menschen gibt, dessen Wohlergehen ihm wichtiger ist als sein eigenes. Nichts wünscht er sich sehnlicher, als seiner Geliebten zu dienen und sie glücklich zu machen! Wußtest Du, dass ein Lächeln der Frau anziehender wirkt als alle ihre Kurven? Das fanden amerikanische Wissenschaftler bei einem Test mit 4000 Männern heraus. Danach macht Männer alles über der Halslinie mehr an als Busen, Beine und Po. Die Rangliste der Anziehungskraft liest sich wie folgt:

33 % Lächeln, 31 % Gesicht und Haare, 18 % Busen, 18 % Beine.

Wunderbar zu Wissen. (Zusatzinfo: nach neustem Stand hat während der Pandemiezeit die Kosmetikbranche rund um die Augen enorme Zuwachsmärkte verzeichnet, denn rote Lippen verschmieren jede Maske.)

Männer sind für Frauen Wunscherfüller – Achtung Frauen, keine Gedankenleser!

Wie oft führt das frauliche Denken zum Konflikt, weil der Mann an der Stirn der Frau deren Wünsche nicht lesen kann. Es lohnt sich, liebe Frauen, persönliche Bedürfnisse und Wünsche zu kommunizieren – dann kann auf der Gegenseite die Handlung vollzogen werden. So einfach ist das gesagt! Ob das Gedankenlesen nach 30 Ehejahren besser funktioniert, sei dahingestellt.

Eines Morgens wusste ich, dass ich heute zwischen meinen Terminen noch Einkaufen gehen muss. Da erlebe ich zuhause angekommen ein WUNDER. Mein Mann (wir sind jetzt seit 36 Jahren zusammen) kreierte am selben Tag einen Einkaufszettel wie folgt: Salznüsse, Milch, Salami, Kaffee, Joghurt, Butter, Käse, Eier dicke und normale, Bananen, Bündnerfleisch. Zuhause beim Lebensmittel versorgen stellte ich fest, dass ich ohne Einkaufszettel identisch dasselbe eingekauft habe – ohne Absprache mit meinem Mann! Wow! Unsere telepathische Verbindung funktioniert prima. Diesmal gab es das gesamte benötigte Wochensortiment hoch zwei und es führte uns beide zum kostenlosen Schmunzeln.

Stau – Staunen

Plötzlich fahren wir mit dem Auto in einen Stau. „Mist", sagen die Meisten. Oder: „Oh nein, diese unendliche Schlange an der Kasse!" Geschenkte STAUs suchen uns heim, um uns die Möglichkeit zu schenken, uns umzusehen und nach Be-STAUnendem Ausschau zu halten.

Mit kindlichem Staunen haben wir die ersten Jahre unseres Lebens verbracht. Das Entdecken, lernen und neu entdecken – Be-Staunen war Lebensinhalt. Dieses Staunen rückt beim Erwachsenwerden in den Hintergrund und wir schenken dem STAUnen weniger Beachtung. Umso mehr sollte es uns einfach fallen, nach draußen in die Welt zu gehen und zu sagen: „Ah … schau mal, es regnet", oder „Oh, hör mal, die Vögel singen, sprechen oder streiten miteinander", oder „Oh, schau mal, das Licht leuchtet", oder „Oh, guck mal, dort geht ein Mensch. Kennst du ihn?" „Nein". „Dann lass uns hingehen und ihm Hallo sagen". Nichts hindert uns, das STAUnen in den Alltag zurückzuholen, indem wir mit einem Blick zum Himmel die unendliche Weite neu entdecken. Diese Kunst täglich für ein paar Minuten zu manifestieren, tut gut und weitet unser Dasein in eine neue Dimension aus, ohne Aufwand und Anstrengung – einfach Kopf etwas nach hinten kippen und die STAUnenden Augen öffnen.

Aus meiner Kindheitserinnerung weiß ich noch, wie meine Mutter etwa 3 Tage vor Weihnachten die Wohnzimmertüre abschloss und mitteilte, dass das Christkind Ruhe brauche, um alles schön vorzubereiten. Bis zu dem Moment, indem eine Glocke ertönte, oder die Stimme unserer Mutter sagte: „S'Chrischtchindli isch cho", öffnete sich eine Atmosphäre für das Wundervolle.

Die Kerzen am Weihnachtsbaum erhellten unsere kleine Stube bis in alle Ecken. Unsere Münder blieben offen und die Augen leuchteten und spätestens beim gemeinsamen Singen des Liedes „Stille Nacht" war das verblüffende Gänsehautgefühl da. Es war wie ein alljährliches Wunder und etwas Geheimnisvolles wohnte plötzlich in unserer Stube. STAUnen macht wohl Kind-Sein aus. Und als ich meine eigenen Kinder in die Weihnachtszeremonie einführte, habe ich sie für mich neu entdeckt und neu zu STAUnen begonnen. Dank meinen Kindern begann ich wieder, neu das eigene STAUnen zu praktizieren. Genau dann, wenn der Alltag verschüttet ist mit Nebensächlichem, ließ ich mich liebend gerne von einem Kind zurück in die Welt des STAUnens verführen. Meine Kinder liebten Kappla und erbauten größte Turmkonstruktionen mit Hilfe eines Stuhls. Sie haben es gemeinsam geschafft, höher und höher zu bauen – ohne dass er vor dem letzten Hölzchen auflegen in sich zusammengestürzt ist.

Genau diese Momente grenzen an die kleinen „Wunder" und wir be-wundern unsere Tat und fühlen uns ver-wundert. Im STAUnen betrachte ich mit neuen Augen das Wunder der Natur, das Wunder eines Werkes. Wer staunen kann, rechnet noch mit Wundern.

Für den griechischen Philosophen Platon beginnt das STAUnen mit der Verwunderung über die eigene Unwissenheit. Ich verstehe nicht, was ich sehe. Ich wundere mich darüber. Und so will ich fragen, was es bedeutet. Das STAUnen führt zum Fragen und das Fragen zum Erkennen. So bringt uns das STAUnen in Bewegung. Wir fragen immer weiter, bis wir das, worüber wir uns wundern, auch verstehen. Menschen, die nicht mehr STAUnen können, werden langweilig. Sie richten sich ein im Verstehbaren. Das STAUnen gibt unserem Menschsein Tiefe.

Als Erwachsene bleiben wir lebendig, wenn wir mit dem STAUnenden Kind in Kontakt kommen, und genau dieses Kind noch bereit ist zu STAUnen.

Das deutsche Wort „STAUnen" kommt ursprünglich aus dem schweizerischen und bedeutet: träumend vor sich hinstarren. Es hängt mit dem alten deutschen Wort „stauen" zusammen. Stauen bedeutet: stehen machen, stellen. Wir stauen das Wasser, bringen es zum Stehen. Zu STAUnen vermag nur der, der stehenbleibt, der innehält, der sich hinstellt und still wird. Der laute Mensch, der immer beschäftigt ist, ist unfähig dazu.

Wir müssen den Redefluss hemmen, damit wir still werden, um STAUnen zu können.

Auf der Autobahn zeigt sich mir ein gutes Beispiel: Wir müssen erst in einen STAU fahren, damit wir Zeit finden, uns umzusehen. Übertragen könnte das heißen: Die Fahrt unseres Lebens muss erst vom STAU gebremst werden, damit wir wieder fähig werden zu STAUnen. Während der Pandemiezeit erkenne ich einige wundervolle Momente des STAUnens. Die Menschheit nimmt die Natur und deren Phänomene bewusst wahr. Das öffentliche digitale Verbindungsnetz ist voll von wundervollen Bildern unseres Planeten.

Das Höchste, wozu der Mensch gelangen kann, ist das Erstaunen.
Oskar Kokoschka

Wer staunen und lieben kann, gehört zu den Gesegneten dieser Erde.
Johann Wolfgang von Goethe

Anti-Held

Ich muss nicht perfekt sein – nur echt und wahrhaftig.

Bei der Heldin wird ein Profi in dem Auftrittsgebiet gefordert und oft auch erwartet. Da ist der Druck extrem groß. Beim Anti-Helden darf Schwäche sein, dürfen Fehler geschehen und sie können im Gegensatz zum Helden weitaus tiefere Rückschläge einfacher wegstecken, weil vielleicht ein Schattendasein bewusst gelebt wird und es mehrere Hinfaller im Leben eines Anti-Helden gibt.

Als ich in der 2. Handelsschule bemerkte, dass ich die Segel nicht mehr so richten kann, dass ich mit der Schule weiterfahren kann, kratzte die Wiederholung des 2. Jahres an meinem Selbstbild. Ich fühlte mich als Versagerin und Verliererin und ging mit mir scharf ins Gericht. Bis mir mein „Ersatz-Paps" – der Vater meiner beiden Babysitter-Mädchen – sagte: „Was ist schon ein Jahr auf ein ganzes Leben betrachtet?" „Und weißt du was, du packst die zweite Chance ganz bestimmt, wenn du es wirklich willst. Denn es gibt immer Lösungen". Ich war offen in meiner Hilflosigkeit und die richtigen Worte drangen in mein Anti-Heldinnen-Herz. An dieser Stelle nochmals lieben Dank B. P.

Erst jetzt während des Schreibens wird mir bewusst, dass ich durch die bürgerliche Herkunft meiner Eltern, von denen ich eher wenig Intellektuelles gehört bekam, umso mehr viel Unterstützung auf der moralischen Seite empfangen durfte. Dem Intellekt wurde in der Gesellschaft damals weit mehr Wertung geschenkt als einem wohlwollenden, liebevollen, engagierten Menschen. Ich war gezwungen, meinen „Versagensängsten" in die Augen zu blicken, diese anzunehmen, und sie in meiner unteren bewussten Welt nicht triumphieren zu lassen. Die Worte des dominanten und ehrfürchtigen Dorflehrers mit Aussagen wie „Du kommst aus einer einfa-

chen Familie und ihr braucht keine akademischen Abschlüsse"
klebte tief in meinem Unterbewusstsein. Unbewusst schenkte ich diesen Versagergefühlen und klaren Ansagen des Dorflehrers Zuwendung.

Im Theater ist der Protagonist stets der Held und der An-
ti-Held behält die Nebenrolle. Da ich in all meinen Jahren
immer wieder auf die Bühne gehen wollte, den Weg dahin
suchte, um meine tiefe Sehnsucht zu beglücken, schlüpfte ich
eines Tages aus diesem Nebenrollendasein in die Hauptrolle.
    Der Drang zur Bühne war größer als die der Randfigur,
innezuhalten.
    Ich schälte meine Fähigkeiten wie bei einer Zwiebel her-
vor, indem ich begann, Schicht für Schicht abzulegen. Zudem
gelang es mir, neue Glaubenssätze anzueignen.

Ob der Herr Lehrer damals aus unserem Dorf es glauben will
oder nicht: Ich absolvierte im Jahre 2010 mit 45 Lebensjah-
ren einen Mastertitel „Master of expressive ART of Coaching
und Consulting".
    Dort begegnete ich zum richtigen Zeitpunkt, am richtigen
Ort meiner nächsten wichtigen Lebensfigur, die mich Meilen
und nicht nur Schrittchen nach vorne brachte. Der Gründungsvater von der European Graduate School in Saas-Fee (Privat-
universität im Kanton Wallis) erkannte schon nach wenigen
Stunden mein verstecktes, aufrichtiges Potential. Er weckte
in mir die größte Sehnsucht, seit ich hier auf diesem Planet
Erde bin. Ich darf und muss mich ausdrücken, sei dies sprach-
lich, in Bildform, in musikalischer Weise, mit meiner Stimme oder letztlich in meiner Bewegungsform. Ich fand meine
Oase, mein neues Zuhause und blühte wie eine ausgedörrte
Blume auf, als ob meinen vielen tausend Würzelchen an meiner Zwiebel plötzlich Nahrung in Form von Wasser zugeführt
wurde. Ich ließ mich als Anti-Heldin fallen, gut sein zu wollen, um meinem ICH zu begegnen. Wie viele Tränen jetzt

plötzlich mit 45 Jahren aus mir, aus dieser Anti-Heldin, herausflossen, weiß ich nicht mehr. Doch ich machte den Bergbächen in Saas-Fee klare Konkurrenz.

Diese Schleusen der Anti-Heldin öffneten sich und Unbekanntes, Ungeahntes durfte sich mir offenbaren. Erstmals musste ich niemandem etwas beweisen und schon gar nicht perfekt oder gut sein. Es wurde mir erlaubt, ICH zu sein, mit allen Ecken und Kanten und allem, was dazu gehörte.

Natürlich kam ich mit meiner neuen Gefühlswelt ins Schwanken, denn die wurde gehörig aufgewühlt und so vieles kam ins Wanken. Angstmodus, erneut zu versagen, zu scheitern, klopfte öfters an meine Nachttüre.

Zudem wurde mir im Rahmen dieses Studiums eine Lerntherapie aufgebrummt. Ich gewann eine herzerwärmende Lerntherapeutin am Petersplatz in Basel. Als ich aus der zweiten Sitzung gleich neben dem Petersplatz in Basel aus ihrer Türe trat, sah ich die Bustier (Bronzefigur) von Johann Peter Hebel. „Oh nein!", sagte mein neu fühlendes, verletzliches und verwundbares Herz. „Oh nein, bitte nicht!", fuhr es wie ein Stromschlag durch meinen Körper.

Wie viele Gedichte musste ich von diesem Dichter Johann Peter Hebel auswendig lernen, weil er der Lieblingsdichter von diesem Dorflehrer war? Unglaublich, wie oft wir Menschen an genau solche Momente im Leben herangeführt werden, um hinzuschauen, um dieses schattige Thema endgültig anzunehmen, zu versöhnen, nochmals zu beleuchten, um es dann loszulassen. Diese Versöhnung mit diesem Lernfeld sehe ich heute als eine klare Aufforderung. Unbewusst wurde ich genau dorthin geführt, um meiner Anti-Heldinnen-Angst zu begegnen und das Universum oder was auch immer mich nochmals zur Prüfung drängte, zu Lernen und schlussendlich zu gewinnen und gestärkt aus diesem Lernprozess weiter zu leben und handeln.

Eigenzeit

Die Pandemiezeit fordert uns Menschen heraus und zum Teil wurden wir überfordert, da der Alltag alles andere als gewohnte Abläufe hervorrief. Heute erkenne ich die darin verborgene Aufforderung, aus unserem Herzen heraus zu handeln.

„Eigenzeit" bringt die innere Atmosphäre zur Ruhe. Während ich mit Einzelpersonen in die Natur gehe, offenbart sich die Natürlichkeit, angeknüpft an die eigene Schönheit. Wir dürfen Gast sein in verschiedenen Naturgärten und darin unsere innere Leere auftanken. Die „Eigenzeit" steht, um sich Zeit für die Zeit zu nehmen. Ein bewusstes Aussteigen aus dem Hamsterrad, um den eigenen Herztönen näher zu kommen. Zusätzliche unterstützende Ausdrucksprozessen (Malen, Schreiben usw.) und Hypnose helfen, die Verbindung an das individuelle „ICH-sein" zu aktivieren und die eigenen Bedürfnisse neu zu formulieren.

In aller Ruhe erlauben, Tempo rauszunehmen, durchzuatmen und zu entschleunigen. Das Aussteigen ermöglicht ein Wahrnehmen im Hier und Jetzt. Durch liebevolle Langsamkeit kommen die sich ständig im Kreis drehenden Gedanken zur Ruhe. Im Schutz der Geborgenheit gelingt es, dem Lied der Seele zu lauschen.

Möchtest Du Deinen ureigenen Ton wieder hören und neue Lebenswege planen?

Ist es die Sehnsucht nach neuen Ufern oder der Wunsch nach einer Klarheit in Deinem Alltag? Oder brauchst DU einfach einen geborgenen, intimen Rückzug, um bewusst zur Ruhe zu kommen? Oder einen Zuhörer deiner Geschichte?

Nach Wunsch betreten wir gemeinsam den Kunstprozess, um den Mut zu entfalten, Neues zu entdecken, das längst in Dir schlummert. Der Experimentierfreude sind keine Grenzen gesetzt, denn kreativ ist jeder Mensch! Vielleicht etwas zugeschüttet, doch mit unterstützender Leichtigkeit gelingt es, neue kreative Horizonte zu kreieren. So kann Intuition durch intuitives Malen/Gestalten einen Schlüssel darstellen auf Deiner persönlichen Entdeckerreise.

Sich Zeit für die Zeit nehmen – einfach in den Himmel schauen, die Dunkelheit erkunden. Zeit für die Zeit nehmen, um während der Eigenzeit bewusst zu werden, wohin es Dich zieht, wie Deine Herzensmission aussieht. Mit Gleichgesinnten sich treffen, miteinander Zeit feiern, im Singen, Tanzen, kreatives Wirken, Wandern, Speisen oder einfach zusammen Dinge erleben. Jeder Mensch soll aus solchen Kreisen gestärkt heimkehren. Gerne erinnere ich mich an einige wundervolle Momente während meiner Jugendzeit. Am jährlichen schweizerischen Liederfest wurden auf der Bühne einige Lieder selber getextet und vorgetragen. Diese Performances beflügelten mich in eine andere Welt. So kehrte ich nach einem solchen Weekend wie ausgewechselt nach Hause. Über Wochen blieben diese guten Gefühle in mir und unterstützten meine innere Atmosphäre. Alleine durch mein Erzählen feuerte ich andere an, das Texten oder Vorspielen ebenfalls auszuprobieren.

Nachklingen des Glockenschlags
(ein Schlag an die Zeit/es ist an der Zeit)

Am Ende von zweieinhalb Eigenzeit-Tagen habe ich im November einen Pippi-Auftritt geplant. Zuvor versuchte ich aus meiner „Musiktruhe" den Gong aus Nepal herauszufischen, welcher sich im untersten Teil der Musiktruhe versteckt hat. Es kostete mich etwas Mühe, diesen in meine Hände zu bekommen. Ein Teilnehmer sagte in seiner gewonnenen Gelassenheit: „Was für einen Aufwand für nur einen einzigen Gongschlag!" Während dieser Aussage mussten wir alle gehörig lachen. Ja! Genau deshalb wählte ich den Gong, um unbewusst aus kindlicher Freude heraus, die Spannung auf das Folgende zu erhöhen. Es macht einen Unterschied einfach zu rufen „Du kannst kommen!" statt einem Gongschlag an die Zeit, um das Folgende Überraschende in Szene zu setzen. Es ist mir jetzt beim Schreiben bewusst, dass ich so oft intuitiv Kunstvolles integriere, ohne zu hinterfragen. Doch im Nachhinein die Essenz von „einem Schlag an die Zeit" beleuchte und erkenne: es ist etwas zu Ende und an der Zeit, Neuem, Überraschendem Aufmerksamkeit zu schenken.

So kann ich mir vorstellen, wenn wir einen Gongschlag hören, als Schlag an die Zeit eventuell das Essen bereit ist, um so die bevorstehende gemeinsame Essenszeit anzuklingen. Der Nachklang eines Gongs wirkt im Unterbewusstsein weit mehr, als wenn die gewohnte Befehlsstimme der Mama, alle zum Tisch ruft, weil das Essen bereit ist.

Inhalte eines Humorvortrages

JA! Ich bin das ganze Leben „Anfänger"!

Eine 95 Jahre alte Frau sagte mir vor 15 Jahren: „Frau Hürlimann, schauen sie zu, dass Sie möglichst abends sterben, **damit sie durch den Tag hindurch noch lernen können**". Und prompt: Sie starb abends um 18 Uhr und lernte am Nachmittag, zu ihren persönlichen Bedürfnissen zu stehen, indem sie ihre Freundin nach Hause sandte, um alleine in die Anderswelt einzutreten.

Ja – wir dürfen ein Leben lang lernen und haben bis zu unserem letzten Atemzug die Möglichkeit, dazuzulernen! Auch nach dem Wissenstand der Forschung ist unser Gehirn ein ständig neu formbares und auszurichtendes plastisches Gefäß. Also nichts wie los – es darf fleißig gelernt werden! Mein Lebensbegleiter ist längst der Buchstabe „L". Die Toleranzgrenze dieses „L" (Lehrfahrer, den wir in der Schweiz hinten am Auto befestigen) ist im Verkehr eher gering. Wenn ich das Publikum während eines Vortrags auffordere, mir Wörter zuzurufen, welche mit dem Buchstaben „L" beginnen, staunen die meisten, welche lebensphilosophischen Worte daherkommen.

Lust/Lölli/Liebe/Lernende
Los Lassen/Langsam/Loose luege laufe
LACHEN/Lieben (Leben auch mit „i"/LandART
Lotto/Learning by doing/Leichtigkeit/leise – laut/Landliebe
Landen/„Lüüs" (Läuse womit ein Gefühl des Kribbelns in Gang gesetzt wird)/LUFT/Lebensqualität, Luftschloss
Lücke (Mut zur Lücke)/Luxus/Lob/Liefern/Lesen/Leistung/Lebensthema
LAUNE/Lebenstraum/Lebensziel/Logo/Lachs/Leuchten/Lachnummer/Lachfalten/Linsen/„lisme" (Dialektform von Stricken)

Jede positiv ausgerichtete, lernende Absicht und jede Bemühung besitzt eine Energie und darf täglich praktiziert werden. Hier das zu schreiben fällt mir leicht – dies in der Praxis umzusetzen ist die Kehrseite. Auch ich bin täglich am Lernen, alles was auf mich zukommt zu lieben und vor allem anzunehmen! Es gilt bei einer Panne, Miesepeter oder Motzemiene sich zu beleuchten oder zu reflektieren und mental vorzustellen, was verändert werden kann. Somit lernen wir uns selber beim Denken zuzuhören. Wenn das jeder macht, wird die Welt mit jeder Generation ein Stück gesünder.

Die Humorfähigkeit ist im Laufe des Lebens eventuell nach innen geflohen, kauert dort in einer Ecke und wartet darauf, endlich wieder durch eine offene Tür herauszuhuschen.

Ich weiß mittlerweile: Da wo Humor ist, ist auch Kreativität. Beide warten geduldig, ans Licht zu treten. Bedenke, „Geduld" gehört zu einem besonderen Gefühl, nach dem wir uns alle sehnen. (Auch ich bin bei der Geduldsverteilung vom lieben Gott weit hinten in der Kolonne gestanden.)

Wie oft leben wir Menschen in Unstimmigkeit oder Streit mit Familienangehörigen? Mit unserer Liebeskraft, welche aus unserem Herzen entspringt, sind wir fähig, gute, liebende Gefühle mit wohlwollenden Gedanken zu manifestieren, indem wir mit aufrichtigem Herzen dem- oder derjenigen bei jeder Begegnung sagen „Ich liebe dich". Glaube: Diese aufrechte, von Herzen kommende Haltung färbt sich auf das Gegenüber ab. Sei bereit für die Verwandlung.

Bereit, in die Gedanken- und Gefühlskraft zu investieren? Ja, oder JA?

Theresia erlaubte ich mir während meiner Vertriebsmanagerinnenrolle, oft für einen Hilfsdienst anzufragen. Ich höre sie heute noch sagen: „Weißt du, bei dir kann ich nicht nein sagen, denn du verkaufst mir deinen Wunsch so begeisternd, dass ich nur JA sagen kann". Danke Theresia!

Lachen stärkt das Immunsystem

Der Wiener Psychiater Viktor Fry (Vater der Logotherapie) hat 1946 erkannt, dass Lachen das Immunsystem stärkt, die richtige Atmung fördert und neuen Lebensmut weckt. Wer lacht, löst sich von seelischen Fesseln und gewinnt Oberhand über sein Schicksal.

Menschen, die Witze erzählen und fröhlich sind, werden von anderen als sympathisch und kompetent wahrgenommen. „Spaßvögel" oder „Ulknudeln" fühlen sich in Familienbanden und auch in Unternehmen wohler, sie sehen ihre Arbeit als Herausforderung an und erledigen ihre Jobs schneller als Miesepeter. Dem Humor werden teambildende und teamfördernde sowie stressmindernde und konfliktlösende Wirkungen zugeschrieben.

Ich weiß aus meiner Erfahrung heraus, dass humorvolle Menschen auch ein wenig schräg und damit anstrengend sind. Menschen mit schrägen Gedanken tragen den Status „Ver-rückt" und ich bin sehr froh, dass mir immer mehr und mehr von dieser Sorte Menschen begegnen und bereit sind, ins „Ver-Rückt-sein" mit mir eintauchen. Sich mit „Ver-Rücktem" zu konfrontieren, kostet Überwindung, doch es lohnt sich: Manager, die Späße zulassen und ihre Mitarbeiter mit Humor führen, erleichtern die Kommunikation, fördern Offenheit und schaffen eine gute Voraussetzung für Problemlösungen. Schließlich gibt es wohl kein Problem, das nicht auch eine komische Seite hat. Und sind Führungskräfte in der Lage, den ulkigen, absurden Gesichtspunkt einer Schwierigkeit zu erkennen, erlangen sie größere Distanz zu der Sache.

So bitte ich Dich:

Öffne die Augen,

Öffne die Ohren,

Öffne Dein Herz für die Menschen um Dich herum und lass ein Lächeln über deren Mund huschen.

Ein Lächeln ist ansteckend und will selten allein dastehen.

Und der Mensch will vom anderen entdeckt werden!

Den inneren Schalk zum Leben erwecken

Wir alle verfügen über einen inneren Schalk und geben diesem einfach zu wenig Raum. Eine derARTige Haltung kann sein, aus Schüchternheit, Unbequemlichkeit, Unmut und ganz oft Angst aufzufallen oder zu versagen.

Dem großARTigen Schauspieler Bruno Ganz (verstorben 2019) half es, um seine Schüchternheit zu besiegen, sich in verschiedene Rollen auf der Theaterbühne oder im Film einzulassen. Dort gelang es ihm, ohne Wenn und Aber hineinzuschlüpfen und aus sich auszubrechen.

Hand aufs Herz: Wann bist Du das letzte Mal so richtig ausgebrochen, um Deine eigens zugeführten Grenzen zu durchbrechen? Trau Dich, einen etwas schrägen Gegenstand an Dir zu befestigen, aufzusetzen (Kopfbedeckung ist sehr hilfreich). Trau Dich, etwas Besonderes in deine Tasche zu packen – wie zum Beispiel ein Sumsimitpo, der plötzlich auf dem Berg aus dem Rucksack kriecht, um eine Geschichte zu erzählen. Ein Handschuh, der ein Smiley besitzt, die buntesten Socken zu tragen, welche in Deiner Schublade zu finden sind oder zwei unterschiedliche. Oder male heute auf Deine (derzeitige pflichtige) Maske ein lachendes Gesicht. Oder schreibe auf Deine Maske „Ich liebe dich" und laufe so durch die Gegend. Sei Dir bewusst, dass Du damit etwas Positives dieser besonderen Geschichte abgewinnst. Ein solcher Spaß darf kopiert werden oder die Umgebung darf damit gesundheitlich angesteckt werden. Sobald jemand diese positive Botschaft liest, wird Dir diese Person mit Sicherheit ein „Lächeln" durch Deine Augen schenken. So lernen wir hinter diesen Stofffetzen um unser Schaufenster (Gesicht) vermehrt auf unsere Augen zu blicken und deren Liebesblicke zu deuten.

Ich gehe heute das Risiko ein, fröhlich, aufgestellt durchs Leben zu gehen und andersdenkenden Menschen möglichst wertungsfrei zu begegnen. Riskiere bewusst unperfekt/unvollkommen zu sein, Spuren zu hinterlassen. Das gut sein zu wollen habe ich im Papierkorb deponiert. Heute weiß ich es zu schätzen, echt zu sein. Das fühlt sich an wie das Salz in der Suppe. Wenn ich mich mit Menschen aus meinem nahen Umfeld austausche, haben sie selten unsere erste Begegnung vergessen. Ich bekomme zu hören: „Wo hat man dich losgelassen?" oder „Was hat man ihr denn für ein Getränk verabreicht?". Genau dieses Anderssein, weg vom Mainstream (stillschweigende Menge), hinterlässt einen bleibenden Eindruck.

Wenn ich in Fahrt bin, kommen die Aussagen:
„Hey, was hast du für eine Wassermischung und wo ist die erhältlich?"
„Egal was du nimmst – nimm weniger!"
Sehr wohl ist mir bewusst, in diesem großen Ganzen auf dieser Erdkugel – bin ich ein „Muggeschissdräggli", die einfach die Menschen und das Leben liebt.

Der Wert eines Lächelns

Ein Lächeln kostet nichts, ist aber sehr wertvoll.
Es bereichert diejenigen, die es empfangen,
und macht diejenigen nicht ärmer, die es geben.
Es ist oft kurz wie ein Blitz,
aber es bleibt manchmal ein Leben lang im Gedächtnis.
Niemand ist so reich, dass er es nicht braucht,
und niemand ist so arm, dass er es nicht geben kann.
Es bringt Glück ins Haus,
ein angenehmes Arbeitsklima in Unternehmen,
und es ist das Band der Freundschaft.
Es ist Ruhe für die Müden,
Licht für die Desillusionierten,
Sonnenschein für die Traurigen
Und ein Gegenmittel für jegliche Probleme.
Man kann es nicht kaufen oder bestellen,
weder verleihen noch stehlen,
denn es ist etwas, das uns nichts kostet,
für den Menschen aber, dem wir es schenken,
ist es sehr wertvoll.

Durch den Trubel des Tages vergessen viele, ihren Mitmen-
schen ein Lächeln zu schenken. Sind Sie bereit, auch diesen
Menschen ein Lächeln zu schenken?
Denn niemand braucht so sehr ein Lächeln wie diejenigen,
die keines geben.
P. Faber

Tu es „trotzdem"! Lächle dem Fremden zu, obwohl du keines zurückbekommst.

Lächle „trotzdem", auch wenn Dir ein Fehler passiert ist.

Lächle „trotzdem" um des Trotzes Wille, auch dann, wenn
es Dir nicht zumute ist.

Tu es einfach „trotzdem", frei von Erwartungen, die andere
auf Dich projiziert haben. Und Du wirst dich wundern, was
Du zum großen Wohlbefinden in der Welt beitragen kannst.

Das Geheimnis des Gelingens

Es existieren zahlreiche Worte, Bücher und Texte über das
Wort Humor. Trotzdem war es mir ein Anliegen, darüber
zu schreiben, aus meiner Sicht, denn kein Mensch erlebt dasselbe. Vielleicht spornt es Dich an, Deine erlebten freudvollen Geschichten aufzuschreiben. Bedenke, dass Dein Intellekt
beim Aufschreiben in seinem Tempo gebremst wird. Hast Du
ähnliche Geschichten erlebt? Du darfst mir sie gerne zukommen lassen, denn ich lache liebend gerne über „schräge Be-
gebenheiten".
(info@symbiosart.ch)

Als ich meine Master-Thesis zum Kopieren brachte, meinte
der Auftragnehmer so nebenbei: „Vieles ist sowieso schon kopiert und abgeschrieben!"

Ich fühlte mich im ersten Moment angetriggert. Aus meinem inneren Reflex heraus begann ich mich zu rechtfertigen. In dem Moment fühlte ich mich ertappt. Es stimmt, dass ich Zitate einsetzte, herumschmökerte in der Literaturwelt, um gutklingende oder für mich gutanfühlende Worte, Redewendungen zu verwenden. Selten wird das Rad neu erfunden und in der Bibel stand schon: „Es gibt nichts Neues unter der Sonne". (Prediger 1,9)

Wenn ich Humor-Sachbücher aufschlage, stelle ich fest, x-fache Hinweise klingen interessant. Und heute erachte ich es als ein Geschenk, auf genau die „richtigen Worte" zu stoßen – so, dass sie mich finden.

Wie oft werden Musikhits neu zusammengemischt? Genau dort finden Wiederholungen und Kopien statt, mit evtl. anderen Stimmen, Sounds etc.

Bleib neugierig und auf Wunder oder Interessantes ausgerichtet. Neues, nicht Wissendes zu lesen; Neues zu hören; Neues zu lernen tönt seltsam, doch immer das „Richtige" findet Dich und dient als Mikroschritt zum nächsten Makroschritt zu gelangen.

Der Schriftsteller André Gide sagte: **„Alles ist schon einmal gesagt worden, aber da niemand zuhört, muss man es immer wieder von Neuem sagen"**!

So bin ich zur Entscheidung gelangt: Ich klaue, was mich inspiriert und erachte es als die nötige Treibkraft meiner Fantasie. Als Mama weiß ich, die Wiederholung ist die Weisheit der Mutter.

Wer in diesem Buch nach dem „Rezept" des Erfolges sucht, den muss ich enttäuschen. Es ist ein Rezeptbuch für das Suchen und Finden des **„Geheimnisses eines humorvollen Gelingens"**. Das findet weit mehr Anklang in meinem Herzen.

Vielleicht gibt es eine Geschichte in diesem Buch, welche Dich angesprochen hat und die Du weitererzählen willst. Oder Du kannst einen Hinweis herauspicken, um im Alltag Deine Humorlandschaft zu bearbeiten. Wenn wir ein Rezept für das wundervolle Leben hätten, würden es alle wollen. Wer sagt, dass wir mit einer humorvollen Haltung es nicht schaffen, wesentlich zum Wohlbefinden sämtlicher Mitbewohner auf diesem Planeten gesund zu stimmen?

Vergiss nie: „DU bisch s'Zähni" – genauso wie Du bist.

Ich habe immer welche „zehn Rappenstücke" dabei mit genau dieser Aufschrift und verschenke diese da oder dort auch an Wildfremde. Jedes Mal ist der Beschenkte überrascht und sein Lächeln ist nur eine Armlänge von meinem entfernt!

So wünsche ich allen ein von Lust geprägtes, frohes, freudvolles und humorvolles Leben – umgeben von wahrhaftig humorerfüllter Liebe.

Danksagung

BeaTrix Fritschi schrieb aus ihrer Schreibfeder zu meinem diesjährigen Geburtstag folgendes Gedicht.

„Sie bringt es auf den Tisch.
Fädelt die Perlen auf und nimmt sie zu sich.
Sie zeigt sich.
Sie nährt sich.
Sie schmückt sich.
Sie fragt sich, wie die Brücke zu bauen ist.
Sie ist die Brücke selbst."

Danke liebe BeaTrix, für die gemeinsame Zeit und das An-uns-glauben und die angenehmen Gespräche.

Danke liebe Jessica Spengler für deine Zeit, als erste dieses Manuskript zu Lesen und Feedback zu geben. Deine Aufmunterung und den letzten Kick, jetzt die Veröffentlichung zu Ende zu führen.

Danke an alle Leser, die nachfragten „Wann erscheint nun das Buch?". Genau das half enorm.

Danke allen wahren Helden, die in einer einzigARTigen Geschichte sich wiederfinden und mit mir Lachspuren hinterlassen haben. Vielleicht sind wir uns schon begegnet oder dieses Buch ist ein erster Kontakt. Ich danke DIR in jedem Fall für Deine Energie, Dein Lachen, Deine Liebe. Füttere täglich Deinen persönlichen STERNenglanz oder Licht hier auf diesem Planeten, um das Zusammengehörigkeitsgefühl zu stärken und verantwortungsvoll äußere Konflikte mit einer nötigen Prise Humor zu ent-ERNST-en.

Danke von Herzen.

Du möchtest mehr über mich und meine Arbeit erfahren? Über diese Seite wirst du fündig: www.symbiosart.ch

Verbinde Dich gern mit mir auf Instagram & Facebook und markiere mich in Deinen Posts und Storys. Ich werde gerne einen Repost machen.

FÜR AUTOREN A HEART FOR AUTHORS À L'ÉCOUTE DES AUTEURS MIA KAPΔIA ΓIA ΣYΓΓΡ FÖRFATTARE UN CORAZÓN POR LOS AUTORES YAZARLARIMIZA GÖNÜL VERELIM SZ PER AUTORI ET HJERTE FOR FORFATTERE EEN HART VOOR SCHRIJVERS TEMOS OS AUTO ZÖINKÉRT SERCE DLA AUTORÓW EIN HERZ FÜR AUTOREN A HEART FOR AUTHORS À L'ÉCOL AÇÃO BCEЙ ДУШОЙ К АВТОРАМ ETT HJÄRTA FÖR FÖRFATTARE Á LA ESCUCHA DE LOS AUTO MIA KAPΔIA ΓIA ΣYΓΓΡAΦEIΣ UN CUORE PER AUTORI ET HJERTE FOR FORFATTERE EEN ÖINKÉRT SERCE DLA AUTORÓW EIN HERZ FÜ ÃO BCEЙ ДУШОЙ К АВТОРАМ ETT HJÄRTA FÖ

Die Autorin

Cornelia Hürlimann wurde 1965 geboren und wuchs in einer sechsköpfigen Familie im Baselbiet auf. Heute ist sie verheiratet und hat zwei erwachsene Kinder.

Nach einer kaufmännischen Ausbildung absolvierte sie ein Masterstudium „kunstorientierter Ausdruck/ EXA (Expressive Arts Therapy)" das ihr neue Blickwinkel aufzeigte und das Thema Wertschätzung in den Mittelpunkt rückte. Sie war 23 Jahre in einem Direktvertrieb für Kreativprodukte tätig und hat als Vertriebsmanagerin einen Stab von 150 Berater*innen betreut. Während dieser Zeit löste sie sich davon, ausschließlich in „ernsten" Strukturen zu denken und entdeckte mehr und mehr den Zugang zum Humor.

Hürlimann ist sehr begeisterungsfähig, ziel- und lösungsorientiert. Sie führt seit 12 Jahren Tagebuch und hält Vorträge. Nun fand sie den Mut einem ihrer Herzensthemen, „humorvoll durchs Leben zu gehen" in Buchform Ausdruck zu geben.

In ihrer Freizeit beschäftigt sie sich mit experimenteller Schönschrift (Kalligrafie), Enkaustikmalen, Wandern und Lesen.

Der Verlag

*Wer aufhört
besser zu werden,
hat aufgehört
gut zu sein!*

Basierend auf diesem Motto ist es dem novum Verlag
ein Anliegen neue Manuskripte aufzuspüren, zu ver-
öffentlichen und deren Autoren langfristig zu fördern.
Mittlerweile gilt der 1997 gegründete und mehrfach
prämierte Verlag als Spezialist für Neuautoren in
Deutschland, Österreich und der Schweiz.

**Für jedes neue Manuskript wird innerhalb
weniger Wochen eine kostenfreie, unverbind-
liche Lektorats-Prüfung erstellt.**

Weitere Informationen zum Verlag und
seinen Büchern finden Sie im Internet unter:

www.novumverlag.com